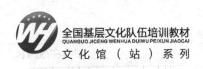
全国基层文化队伍培训教材
QUANGUO JICENG WENHUA DUIWU PEIXUN JIAOCAI
文化馆（站）系列

U0573796

SHEQU GONGGONG
WENHUA FUWU

社区公共文化服务

巫志南◎主　编

北京师范大学出版集团
BEIJING NORMAL UNIVERSITY PUBLISHING GROUP
北京师范大学出版社

图书在版编目（CIP）数据

社区公共文化服务 / 巫志南主编. —北京：北京师范大学出版社，2012.6（2019.8重印）
（全国基层文化队伍培训教材）
ISBN 978-7-303-14227-9

Ⅰ. ①社… Ⅱ. ①巫… Ⅲ. ①社区文化—文化工作—中国—业务培训—教材 Ⅳ. ①G249.2

中国版本图书馆 CIP 数据核字（2012）第 042903 号

营 销 中 心 电 话	010-58802181 58805532
北师大出版社高等教育分社网	http://gaojiao.bnup.com
电 子 信 箱	gaojiao@bnupg.com

出版发行：北京师范大学出版社 www.bnup.com
　　　　　北京新街口外大街 19 号
　　　　　邮政编码：100875
印　　刷：天津中印联印务有限公司
经　　销：全国新华书店
开　　本：730mm×980mm　1/16
印　　张：10.75
字　　数：170 千字
版　　次：2012 年 6 月第 1 版
印　　次：2019 年 8 月第 6 次印刷
定　　价：21.00 元

策划编辑：马洪立		责任编辑：戴　轶
美术编辑：毛　佳		装帧设计：毛　佳
责任校对：李　菡		责任印制：马　洁

版权所有　侵权必究

反盗版、侵权举报电话：010—58800697
北京读者服务部电话：010—58808104
外埠邮购电话：010—58808083
本书如有印装质量问题，请与印制管理部联系调换。
印制管理部电话：010—58800825

全国基层文化队伍培训教材

文化馆（站）系列编委会

主　编：冯守仁

编　委：（以姓氏笔画为序）

王全吉　石振怀　巫志南　陈彬斌

贾乃鼎　路　斌　戴　珩

序　言

　　文化部国家公共文化服务体系建设专家委员会组织编写的全国基层文化队伍培训教材陆续出版了。这是加强公共文化服务人才队伍建设的一项基础工作，很有意义。

　　推动社会主义文化大发展大繁荣，队伍是基础，人才是关键。2007年中央"两办"发布的《关于加强公共文化服务体系建设的若干意见》中，就对加强公共文化服务人才队伍建设作出了部署，明确提出了提高公共文化服务人才队伍思想素质和工作能力的要求。2010年《国家中长期人才发展规划纲要（2010—2020年）》发布之后，文化部专题部署了开展全国基层文化人才队伍培训的工作。党的十七届六中全会通过的《关于深化文化体制改革，推动社会主义文化大发展大繁荣若干重大问题的决定》，提出基层文化人才队伍是文化改革发展的基础力量的重要论断，要求制定实施基层文化人才队伍建设规划，完善机构编制、学习培训、待遇保障等方面的政策措施。《国家"十二五"时期文化改革发展规划纲要》对加强基层文化队伍建设、完善文化人才培训机制作出了具体部署。建设一支德才兼备、锐意创新、规模宏大、结构合理的基层文化人才队伍，成为新时期公共文化服务体系建设的重要任务。

　　2010年9月，为落实《国家中长期人才发展规划纲要（2010—2020年）》，文化部发布了《关于开展全国基层文化队伍培训工作的意见》，主要任务是用五年时间，对全国现有约24万县乡专职文化队伍和360多万业余文化队伍进行系统培训，促使基层公共文化队伍素质显著提高，服务能力明显增强。为此要求建立健全基层文化队伍培训工作体制和机制，建立分级负责、分类实施的培训组织体系，其中文化部负责指导各地培训、组织编写教学纲要、建设远程培训平台、培养省级师资、举办示范性培训等工作。

按照文化部的统一安排，组织编写教学纲要和教材这一任务，由国家公共文化服务体系建设专家委员会负责实施。

专家委员会在广泛征求意见、充分讨论研究的基础上，形成了培训教材编写的整体方案：教材的内容规划为"公共文化服务通论系列"、"公共图书馆系列"、"文化馆（站）系列"三大系列；教材的形式设计为培训大纲性质的教学指导纲要和系统化的教材并举，为应培训之急需，先行编写出版公共图书馆系列和文化馆（站）系列的教学指导纲要；纲要和教材的编者在全国范围内遴选一流的专家学者和富有经验的实际工作者。2012年年初，先行组织编写的《公共图书馆业务培训指导纲要》和《文化馆（站）业务培训指导纲要》由北京师范大学出版社出版，文化部免费配送至全国县以上文、图两馆及相关部门。现在呈现在读者面前的，就是在指导纲要基础上编写的系统化教材。按照计划，三大系列共17部系统化教材在2012年年内全部出齐。

就文化馆（站）系列的教材而言，更有其特殊的意义。群众文化学是我国一门新兴的学科。从文化建设层面讲，群众文化是具有鲜明中国特色的社会文化现象。新中国成立后，正式提出"群众文化"的概念。随着群众文化事业的发展，群众文化的理论研究不断深入，1959年出版了第一本群众文化理论著作——《群众文化工作概论》，标志着群众文化学基础理论的初露端倪。20世纪80年代末90年代初，陆续出版了《群众文化学》、《群众文化管理学》、《群众文化辅导学》、《文化馆管理学》等一批群众文化理论专著，标志着群众文化学基本形成。当前，在推动社会主义文化大发展大繁荣的大背景下，群众文化活动空前地蓬勃开展，人们对群众文化地位和作用的认识不断提高，理论探索持续深入，实践创新快速推进，政策法规逐步完善，群众文化的总体运行环境和基本形态发生了深刻变化，迫切需要总结提炼群众文化实践和研究成果，丰富和发展群众文化理论，形成新的系统化的理论著作和教材。此次文化馆（站）系列教材的出版，填补了空白，解了基层群众文化队伍培训工作的燃眉之急。文化馆（站）系列教材第一次比较全面、系统地阐述了国家公共文化服务体系建设中的群众文化理论和群众文化工作，比较集中地体现了近年来群众文化理论创新和实践探索所取得的成果，是群众文化理论建设发展到一个崭新阶段的重要标志。

在文化馆（站）系列教材的编写过程中我们遇到的第一个困难就是，可供参考的理论专著和教材数量太少。由于群众文化学在大学里没有常设的专业，所以专业教材数量一直很少，专门面向基层文化馆（站）从业人员在职学习、岗位培训的适用教材更是缺乏，而且大都是20年前的教材。经过反复研究讨论，我们确定编写工作要遵循以下原则：第一，继承性原则。即以群众文化的基本理论为基础，以《群众文化学》、《群众文化管理学》、《群众文化辅导学》、《文化馆管理学》等著作为参照，继承和发展群众文化理论研究的成果，保持群众文化理论发展的连续性和稳定性。第二，与时俱进原则。广泛收集近年来群众文化实践的新经验和研究的新成果，总结、提炼群众文化工作的新观点、新理论、新探索，并将其上升为系统的理论成果，对原有的群众文化理论、知识技能进行发展、完善和创新。第三，与国家公共文化服务发展的方针政策相一致的原则。教材内容要力争全面、准确地阐述党和政府发展公共文化事业、构建公共文化服务体系的理念、思想、方针和政策，体现国家公共文化服务发展战略对群众文化理论、群众文化工作、文化馆（站）的建设与发展提出的新要求。第四，适用性原则。教材内容要以提升文化馆（站）业务人员管理和服务能力的现实需求为牵引，以提升从业人员的职业素养和业务能力为目标，以政策法规、专业知识、文化素养和能力养成为重点，以"学得会、用得上、有实效"为标准，不过分追求体系的完整性。教材的编写注重总结、提炼、升华实践中成功的做法、经验和案例，适应启发式、案例式、研讨式教学的需要。

教材编写的成功与否关键在人——编写人员，这也是我们遇到的第二个困难。同样是由于群众文化学在大学里没有常设的专业，所以也缺乏专门从事群众文化专业教育、理论研究和教材编写的专家，又没有国家文化馆可以依托，很难像公共图书馆系列教材的编写那样组织一批学者、教授参与其中。因此，文化馆（站）系列培训指导纲要和教材编写人员的组成，是以长期从事群众文化工作和群众文化理论研究，有着丰富群众文化工作经验和理论功底的群众文化工作者为主体，还包括群众文化工作的领导干部，以及从事公共文化服务体系研究的专家。他们大都拥有为业务骨干讲授的实际历练，有的已经形成了讲义并在全国作专题讲座，如社区公共文化服务、群众文化活动的策划与组织、群众文艺创作等，这些都为此次编写指导纲要和教材奠定了坚实的基础。他们的长处是有着丰富的实践经验和较深的理论功底，他们的短处是缺少一定的教材编写经验。但是，他们有着一个共同的特点，那就是热爱群众文化事业，有着为群众文化理论建设和群众文化事业发展贡献自己聪明才智的一颗火热的心。

教材不是个人专著，因此编委会通过研讨、交流乃至碰撞、争鸣而形成共识就显得尤为重要。在本套教材的编写过程中，编委会的每个成员都表现出了令人敬佩的高度重视、严肃认真、团队合作、学术包容的态度和精神。每本教材的主持人都组织编写人员进行了多次多种形式的研讨交流，从内容划分到框架体系，从章节要点到附属材料，都经过了编写团队的反复研讨打磨。三大系列所有编写人员参加的研讨会先后召开了4次。2011年年底，公共图书馆和文化馆（站）业务培训指导纲要预印本印出后，分别在南京图书馆和宁波文化馆召开了由省、地、县各级公共文化服务机构代表参加的征求意见会。可以说，目前形成的教材，不仅凝聚着全体编写人员的心血，同时也包含着众多业界同仁的智慧。尽管如此，我知道问题和不足肯定还存在。欢迎使用本套教材的各级文化部门和基层文化工作者提出修改意见和建议，我们将在今后适当的时候作必要的修订。

参加文化馆（站）系列教材编写工作的还有上海市群众艺术馆、江苏省和江苏省相关地市文化馆、北京群众艺术馆和相关区县文化馆、天津市群众艺术馆等的专家和群众文化工作者。在编写过程中还得到了全国许多文化馆和群众文化工作者的热情帮助。教材的编写仅有编写人员的努力还不够，还应该感谢中国文化传媒集团公共文化发展中心为编写工作提供的有力保障，感谢北京师范大学出版集团高教分社的江燕副社长以及各位责任编辑为教材的出版把了最后一道关口，付出了心血和努力。

冯守仁

2012 年 3 月 30 日

前　言

　　《社区公共文化服务》是社区文化工作人员学习、了解、掌握社区公共文化服务基本原理、基本技能的"入门"教材。

　　本教材是按照国家公共文化服务体系建设的宗旨、目标、任务和要求编写的，适用于面向全国文化馆（站）系统的社区文化工作者、社区基层文化工作者开展培训工作。教材按照国家关于"基本建成公共文化服务体系"的部署，紧密结合社区公共文化服务的特点，以及社区公共文化工作者管理、指导和服务社区基层的实际工作需要，对社区公共文化服务的基本原理、特点、方法、任务、机制以及运行绩效评估等方面进行深入浅出的阐述。

　　本教材着力体现基础理论学习与实际技能培训的有机结合，体现常规社区公共文化服务与发掘培育社区特色文化资源的有机结合，体现专业性公共文化管理指导与帮助群众自创自办、自编自演、自娱自乐的有机结合；致力于通过培训，推动社区公共文化服务长期、健康、高效运行；力求成为一部既有一定学术水准，更具实际应用价值，能够指导具体工作，规范且成熟的教材。

目 录

第一章　社区文化建设与社区公共文化服务

【目标与任务】

掌握社区文化的主要特点、内容形式与重要意义；了解社区公共文化服务的基本概念与功能；熟练掌握社区公共文化服务的特点、要求、分类与载体；能够运用有关理论和方法，提高从事社区公共文化服务的能力。

第一节　社区文化的内涵

一、社区文化的基本概念

社区文化是指社区居民在长期的社会生产与生活过程中所产生和形成的，并为社区居民分享的思想价值观念和行为规范。相对一般的社会文化来说，社区文化是一种带有区域性特征的亚文化，是一定地域内的人们所创造的共同社会文化财富。

社区文化有广义与狭义之分，广义的社区文化是指社区居民在特定的区域内，经过长期实践而创造出来的物质文化和精神文化的总和，它对人们的思想观念、道德情操、行为方式以及人格理想的形成和发展具有重大影响。狭义的社区文化是指特定社会区域中人们各方面的行为结果所产生的社区文化现象，它既包括这一区域内人们的生产方式和生活方式，也包括该区域内社会成员的价值观念、理想追求、道德情操、生活习俗、审美方式、娱乐时尚等。

二、社区文化的内容构成

（一）社区文化载体

文化载体是指承载文化内涵的一切有形要素。社区文化载体广义上包括社区文化行为在内的一切与居民活动有关的行为因素、物质因素及设置因素，狭义上则指纯物质方面和设置方面的因素。

社区文化载体的物质性因素，主要是指那些具有深厚的社区文化内涵的有形实物体系，如社区内各种实物造型、房屋建筑、独特装饰、花草树木、人文景观、文化设施、广场道路以及居民所用的服饰、用具等。它们凝聚着深厚的社区文化精神，组成了社区文化结构中重要的文化构建。

社区文化载体的设置性因素，主要是指社区内各种各样的社会组织，如家庭、学校、政府机构、工业、商业、服务业、居委会以及各种社团组织等。它们是社区文化实践的重要基础与可靠保障，同时也是体现社区文化精神与社区文化规范的重要组织载体。

(二)社区文化传统

社区文化传统是指经过世代相传而留存在社区中的文化价值观念、文化精神以及具体表现形式，包括社区风尚、社区民俗、社区文化遗产等。社区文化传统是社区文化发展与传承的重要成果，同时也是社区文化一个重要组成部分。社区文化传统中凝聚了历代社区居民的精神价值、文化智慧与思想情感，反映了历代社区居民的社会生活方式与文化审美方式。社区文化传统是社区文化生存发展的重要基础，同时也是社区文化开拓创新的宝贵资源。任何一种形式的社区文化，都不可能脱离其文化传统而建立一种全新的文化体系。

(三)社区文化规范

社区文化规范是指社区文化行为的一种准则与范型，对于社区居民的行为具有约束与示范性的作用。社区文化规范是社区文化精神的具体表达，体现了社区文化精神的灵魂，又是将社区文化精神贯彻到具体行动中的直接力量。没有社区文化规范，文化精神就无法进一步被理解和传承。社区文化规范的内容主要包括：社区伦理道德规范，社区人际关系规范，社区行为方式规范，社区生活方式规范，社区礼貌、礼仪规范等。

案例：南京市出台《文明社区管理办法》

2009 年，南京市文明办就出台了《文明社区管理办法》，对规范社区文化制定了九条标准：1. 领导班子坚强有力。社区领导班子必须坚持党的基本路线，认真贯彻执行党的方针、政策。树立全面、协调、可持续的科学发展观。领导班子注重自身建设，在群众中威信高。2. 社区环境整洁。包括主次干道畅通，路面平整，人行道板完好，绿化布局合理，无违章搭建现象、无无证摊点现象、无乱张贴现象，沿街店铺无跨门经营现象。3. 社区秩序安定。在社区中必须积极开展法制教育，建立社区治安综合治理网络，完善群防群治体系。4. 社区组织健全。建立以街道为核心，以社委会为基础，以社区内机关、部队、企事业单位为主要组成部分的文明社区创建组织。5. 整合社区资源。重视社区资源的开发，街道与辖区内的机关、企事业单位建立各种形式的联建组织，制定章程，明确任务，做到共建双方优势互补、互惠互利、共同发展。6. 社区服务完善。社区居民生活设施齐全，服务网络布局合理，居民群众生活方便。7. 社区教育落实。社区教育机构健全、制度完善，建有市民学校，有一支专兼职的常年社区教育骨干队伍；建立学校、家庭、社会三位一体的未成年人教育网络，有效地开展未成年人思想道德教育活动。8. 社区文化丰富。经常组织居民群众开展丰富多彩、内容健康的文化体育活动，积极开展广场文化、公园文化、企业文化、楼院文化和家庭文化活动，提高居民的思想道德素质和文化素养。9. 社区风尚良好。充分发挥创建文明家庭、文明楼幢、文明小区等群众性创建活动的载体作用，不断提高市民的社会公德、职业道德和家庭美德水平，在社区内形成"文明礼貌、诚实守信、互助友爱、扶正祛邪、邻里和睦、敬老爱幼、遵纪守法、保护环境"的文明风尚和生活方式。

（四）社区文化行为方式

社区文化行为方式是指社区居民依照一定的文化要求所展开的各种行为与活动，主要包括：个体文化行为、集体文化行为、群体文化行为、社区文化活动、社区生活方式、交往方式、对人态度、风俗习惯、道德风尚等各个具体领域。文化行为，是社区文化的外显层面，是社区文化最具体的动态的表现形式，其中凝聚了浓重的文化内涵，体现了一致的文化形式。社区文化行为最具有感染力和说服力。经过社区组织进行的各项文化行为活动，往往能对社区产生重要影响，并且形成特定的社区文化氛围与社区文化习惯。

（五）社区文化精神

社区文化精神是社区文化的核心层面，在整个社区文化体系中具有主导地位。社区文化精神的主要内容包括：社区思想观念、社区价值体系、社区伦理道德、社区文明风范等。社区文化精神是社区居民在长期的社会生活实践中创造出来的，以社区文化主题的理想、信念、价值目标和相应的观念体系为代表的精神财富，它以综合性的、潜移默化的文化影响方式对社区中的个体予以熏陶，并形成一定的社区氛围。社区文化精神是整个社区文化的灵魂与本质，其他文化层面都是社区文化精神的具体体现。

社区文化精神是社区居民行动的指导和动力，也是社区居民根本的共同利益的体现。一旦确立了特定的社区思想观念、价值体系和伦理道德精神，它们就成了社区居民追求的境界、行为选择的准则和舆论评价的标准。

三、社区文化的主要特点

（一）地域性

社区是一个地域性的概念，因此，社区文化也必然具有鲜明的地域性特征。社区文化是一种在特定区域内滋生和发展起来的文化，不可避免地打上该地区的烙印。当人们开始在某一共同地域中进行社会生活的时候，就会发生各种联系与互动，并在此基础上逐渐形成某种共同的语言方式、生活方式、社会心理、价值观念、习俗风尚、规范制度等。而正是这些在共同的地域基础上形成的各种文化形态，构成了社区文化中最主要的本质内涵。

（二）归属性

社区居民的归属感是社区形成的基本条件之一，同时也是社区文化的基本特征。社区内人群关系相对稳定，文化基因相同，风俗习惯相近，由此而造成具有社区归属感的文化形式。社区文化的归属性是社区稳定的黏合剂，是维护社区安定、和谐、进步的重要因素。

（三）自发性

社区文化的自发性，意味着社区居民自主的文化选择，一旦生成就会对每位居民产生直接的、具体的作用力。由于充分尊重了社区居民自身的意愿与选择，因此社区文化的自发性能够更充分地推动社区形成良好的社会风尚与社会秩序。

（四）兼容性

社区文化具有高度的兼容性，能够广泛地接纳、兼容各种文化因素。

在社区文化中，可以兼容不同职业、地位、教育、信仰的人群类别，可以融合民族文化与外来文化、传统文化与现代文化、高雅文化与通俗文化、都市文化与乡土文化，并且形成各种文化因素之间和谐统一、相融并存的良好氛围。

（五）开放性

现代社区是一个开放的系统，它会以其鲜明的开放性指向，融入各种现代性因素，使自己与现代性同步。现代社区文化的开放性意义主要表现在两个方面：其一是随着社会的发展，许多外来的观念、精神、技术、生活方式、文化趣味都会大量融合到社区文化中来，并逐渐融为社区文化的一个组成部分；其二是社区自身的文化也会逐渐走向更广泛的社会领域，与其他社区及社会文化形成交流与互动。

案例：广东省东莞市社区文化特点

广东省东莞市的社区文化是一种典型的多元化文化。本土文化、外来文化在此融合成一种新型的文化。从改革开放以来的文化形态看，对于东莞市社区来说，外来文化对本土文化的冲击很大，先是港澳文化、台海文化广为流传，接着中原文化、西北文化、东北文化，欧美文化、日韩文化也都纷纷抢滩于东莞，而且渐渐地强盛起来。近几年的情况表明，东莞社区文化是多元因素相互碰撞的文化。随着南腔北调的交融，可能会催生出一种杂交性的东莞社区文化。

（六）共享性

社区文化是全体社区居民在社会实践中共同创造的，因此也应为社区全体成员所共享。社区居民不仅是社区文化活动成果的参与者、创造者，而且也是社区文化活动成果的维护者、受益者。社区居民应该在社区中享受到包括文化鉴赏、文化娱乐、文化休闲、文化教育、文化服务等各个方面的权益，并且具有一定的自主权与选择权。

（七）感召性

社区文化从一定意义上说就是一种为了感召人们形成较为一致的社区认同，并且积极参与社区活动的精神力量。社区居民对于社区建设的高度参与，没有任何的行政力量可依，只有通过社区文化的广泛影响和深刻感染才能得以推动。一旦社区文化为居民所广泛认同，便会成为一种感召社区居民积极参与创造的重要精神力量，并且更好地达到维护社区统一利益的目的。

四、社区文化的影响要素

(一)社区人口

社区人口是社区生活与社区文化创造的主体，社区人口的数量、特点、结构及其社会关系等因素，都会对社区文化的形成与发展产生重要影响。一般而言，在一些社区人口数量较多、密集度较高的城市社区中，其文化诉求表现出较为突出的多元化取向，其文化影响力与效应力也相对较强。而在一些社区人口数量较少、密集度较低的乡村社区中，其文化诉求表现出较为突出的单一化取向，其文化影响力与效应力也相对较弱。社区中人口的特点与结构也对社区文化具有相当重要的作用。各个社区中的人口在民族族属、教育程度、工作职业、文化素质、年龄层次等方面的差异，都会对社区中的文化形成与发展产生深刻的影响，以致决定这些社区中文化的风格特性与价值取向。

(二)社区心理

社区文化是在一定的社区文化心理基础上形成的。一定区域内的文化心理，不仅会影响社区文化的形态和特点，还会影响社区文化的发展和传承。社区心理的最深层的本质，是一种对于社区的认同感与归属感。

在一定的社区中，人们长期过着共同的生活，从而自然产生对于社区的一种认同与归属的心理。尤其是在一些传统社区中，人们之间的情感联系非常深厚，社区成员对自己的故乡和亲情特别重视。这种由共同的社区生活而产生的归属感与认同感，一方面使这一社区产生了诸多独具特色的文化形式与文化行为；另一方面也使这一社区具有了与其他类型社会区域所不同的精神特质与价值取向。

(三)社区环境

社区环境是社区文化形成的外部因素，也是制约与影响社区文化形成和发展的重要条件。所谓社区环境，实际上指的是一种包括了一定的地理空间与社会空间在内的综合性人文区域，而并不是纯粹的自然地理区域。具体而言，它主要包括地形、地质、生态、界线、规模、区位情况以及社区人际关系等很多内涵。其中，地形、地质、生态、区位等条件对社区中人们活动的性质、特点以及文化创造具有基础性的影响，甚至会在很大程度上制约社区的发展；而社区中人与人之间的社会关系则形成了一种独特的社会环境，它同样对社区的发展以及社区文化的创造具有非常重要的作用。只有营造理想、合适的社区环境，才能使社区文化更为健康、有利地发展。

（四）社区舆论

社区舆论是在社区中体现的一种公共性观点、意见与评价，反映了社区民众的价值趋向、思想情感和文化诉求。在一定的社区环境中，社区舆论往往能对本社区的文化产生重要的导向性影响，以致决定该社区中文化形成与发展的状态、特性和取向。

第二节 社区文化建设与社区文化活动

一、社区文化建设的目标与任务

（一）社区文化建设的目标

社区文化建设是 20 世纪 80 年代以后我国党和政府提出的一项重要的文化任务。社区文化建设的目标是：以居住地为特征，以居民认同感与归属感为纽带，把社区建设成为文化氛围浓郁、文化功能齐全、文化品种丰富、文化设施布局合理、社区文化意识浓厚、运作社会化程度较高的现代化新型社区。通过形式多样、丰富多彩的社区文化活动，提高社区居民的思想道德素质和科学文化水平，为人的全面发展创造良好的条件。

（二）社区文化建设的任务

1. 倡导正确价值观念

树立正确的价值观念是社区文化建设的一项根本性任务，也是建立健康向上的社区文化精神的核心内涵。应当通过社区文化的建设与发展，努力培养社区民众坚定社会主义发展方向，树立正确的世界观、人生观、价值观，鼓励社区民众积极投身于社会主义建设事业，加强社区思想道德建设，培养社区民众形成以爱国主义为核心的民族精神和以改革开放为核心的时代精神，弘扬集体主义、社会主义思想。

2. 培养高尚道德情操

社区道德情操是社区文化的一个重要组成部分，也是社区文化建设的一项重要任务。应当在社区文化建设中充分注重倡导良好的社会道德风气，培养社区民众逐渐养成良好的社会公德、职业道德和家庭美德，形成优良的思想文化素质与高尚的道德情操，努力塑造文明和谐、相互尊重、诚实守信、公正公平的社区道德原则，提升社区民众的文化修养与艺术情趣，逐渐形成懂礼貌、讲文明、尊敬老人、夫妻平等、互敬互爱、互帮互助、友好相处、扶贫济困的社区文化氛围。

3. 树立共同社区意识

共同的社区意识是社区得以存在的重要基础，也是社区认同的必要条件。应当通过社区文化的纽带，加强社区居民对于社区的认同感与归属感，努力培养社区民众的社区意识与社区情感，积极引导和鼓励社区居民参与社区建设，担负共同责任，实现社区文化的多元共处与和谐发展。应当通过各种社区文化活动形式，创建社区文化品牌，形成社区文化特色，营造社区文化氛围，树立具有个性特色的社区文化精神。

4. 满足居民自身需求

随着经济社会的发展以及生活水平的提高，社区居民对于自身的文化需求日益增长。应当通过创建丰富多样的社区文娱活动形式，充分满足社区居民走向社会的能力需求、自我实现的目标需求以及日益增长的文化消费需求，努力倡导各种积极向上、开拓创新、形式多样、内容健康、具有时代特点、符合广大社区民众审美情趣的文艺表演形式、文化娱乐形式、体育健身形式、休闲养生形式，逐渐实现社区居民文化娱乐需求由"求乐"、"求美"向"求知"、"求新"的转变。

5. 提供社区文化服务

确立服务观念，强化服务意识，为社区民众的文化消费需求创造有利的物质基础和内容条件，是繁荣社会主义先进文化、构建和谐社会的必然要求，也是当前政府与社区有关部门的重要职责。在今后的社区文化建设与发展中，要努力倡导以政府为主导的社区公共文化服务理念，逐步建立以政府为主导，以公益性文化单位为骨干，全社会共同参与的社区公共文化服务体系，切实保障社区居民看电视、听广播、读书看报、进行公共文化欣赏、参加大众文化活动的基本权益。

6. 培育专门人才队伍

培育和建立具有社区特色、素质较好、文化业务知识较为全面的文化队伍，是加强社区文化建设、发展与繁荣社区文化的迫切要求，可以为发展社区文化提供人才保证。必须充分重视社区文化的管理队伍建设与专业队伍建设，积极培养文学创作、文艺表演、体育竞技、活动组织等各方面的社区文化人才，创建具有特色的社区文艺团队，扶持热心于社区文化事业的文艺骨干，以带动整个社区文化向着更为有利、良好的方向发展。

7. 开展丰富文化活动

社区文化活动是社区文化建设的重要内容，不仅具有吸引人、愉悦人的服务功能，而且具有教育功能，能使活动主体的素质通过这些活动得到提高。要努力创建各种内容丰富、形式多样、符合社区居民审美情趣的社区文化活动形式，充分满足社区居民多层次、多元化的文化娱乐需求，提高广大社区居民的参与兴趣，升华广大社区居民的精神境界，并使社区文化长期保持旺盛的生命力。

案例：徐州市泉山区社区文化惠及儿童和老年人

社区文化涵盖着社会生活的方方面面，社区文化活动也惠及了从儿童到老年人的全体人员。例如，徐州市泉山区民乐社区和派出所、部队、学校共同实施了"四位一体"青少年辉煌工程，每逢双休日和假期，社区会组织孩子开展"快乐夏令营"，"回顾历史，珍惜美好生活"，争做"五小"青少年等一系列活动。各种丰富多彩的活动，对社区未成年人的健康成长、完美人格的形成、良好品质的培养起到了积极的推动作用。每周一至周五，社区都向居民免费开放老年活动中心，组织老年人开展有益身心的休闲娱乐、强身健体活动，有力地推动了社区文化活动的开展，丰富了社区居民的文化生活。

二、社区文化活动的内容与形式

(一)社区文化活动的内容

社区文化活动具有十分丰富的内容，具体而言，可以分为以下几个类别。

1. 社区文娱

社区文娱主要包括在社区居民中广泛开展的各种以表现社会生活认识与艺术审美情感为目的的文学创作与艺术创作，如口头文学与书面文学（包括各种小说、诗歌、故事、传说、歌谣、笑话等）、戏剧曲艺（包括各种地方戏、民间小戏、快板、鼓书、时调、小曲等）、音乐舞蹈（包括各种声乐、器乐、社交舞蹈、风俗舞蹈、健身舞蹈、礼仪舞蹈等）、美术工艺（包括各种绘画、雕刻、书法、塑艺、纸艺等）等。此类活动的特点，主要是通过口头艺术与形象艺术的方式来表现生活、表达思想，在社区文化活动中具有相当高的比例。

2. 社区体育

社区体育主要包括在社区居民中广泛开展的各种以强身健体、自我娱乐为目的的体育文化活动，如武术、体操、跑步、游泳、竞走、跳绳、荡秋千、踢毽子、拔河、下棋、打牌、儿童游戏等。这类活动的特点，主要是通过身体的活动来加强机体与机能的锻炼，借以提高身体素质，增强生命活力。

案例：上海市社区基层特色健身活动建设

上海市黄浦区南京东路街道承兴居委会因地制宜建成了上海市第一条健身里弄，并于1988年举办了第一届"弄堂运动会"，至今已坚持了二十余年，逐渐形成了闻名遐迩的弄堂体育文化，促进了社区和谐。各级体育部门积极组织社区和社会体育组织不断推出适合社区市民不同群体开展健身的新颖项目，进行教学培训，并举办各种比赛进行推广和普及。具有上海文化特色的"海派秧歌"，融粗犷豪放和细腻纤巧、民族性和国际性于一体，富有浓郁的民族性、艺术性、观赏性、娱乐性和健身性，很受居民欢迎。上海创编的排舞、手杖操等健身特色项目也在全国颇有影响。全民健身活动得到了社会各界的响应和支持，特别是宣传力度不断加大，电视、广播、报纸杂志和网络等新闻媒体经常向市民大力宣传全民健身活动和推广"人人运动"计划,《解放日报》的"百姓健身"专栏、上海电视台的"健身时代"专题讲座深受市民欢迎、关注和参与。

3. 社区教育

社区教育主要包括在社区居民中广泛开展的各种以增加文化科学知识、道德修养或者某些技艺技能为目的的基础性教育活动,如各种社区基础文化教育课程,各种有关政治经济、文化艺术、社会生活、生产技能的专题讲座,以及各种有关图书阅读、文化鉴赏、活动策划与组织等方面的培训班等。这类活动的特点是,通过较为规范的教育手段与传播方式来达到获得知识与信息的目的,具有较强的系统性。

4. 社区科普

社区科普主要包括在社区居民中广泛开展的各种以提高科学意识、普及科技知识为目的的基础性科学普及活动,如关于气象知识、地震知识、消防知识、医疗保健知识、烹饪餐饮知识、家电修理、器材运用知识等的讲座、传授与传承等。这类活动的特点主要是,与一定的科学技术发展水平相联系,反映了现代社区民众对于科学认识与掌握客观世界的心理需求。

(二)按活动门类分类的社区文化活动形式

1. 社区文艺创作

社区文艺创作是一种出于满足自身精神与文化的需要而进行的文化实践活动,同时也是一种具有自我实现特性的群体文化行为。社区文艺创作的题材主要包括文学、音乐、美术、舞蹈、戏剧、曲艺等,其所运用的手段主要分为书面创作与口头创作两种。

2. 社区文艺表演

社区文艺表演是一种自娱性与自我表现性相融合的活动类型,是对文学、音乐、美术、舞蹈、戏剧、曲艺等文艺作品的一种动态性表达。在社区文艺表演时,表演者往往可以与观赏者互动,形成一种热烈自由的演出效果。

3. 社区展览展示

社区展览展示是一种社区民众展示自己的创造才能的活动类型,是对绘画、摄影、书法、雕塑等静态的文艺作品的立体性表现。社区文化活动的另外一类展览活动，是通过文学、美术等艺术手段而进行图体、实物等形式的专题性陈列，是一种社会宣传教育性活动。

4. 社区观赏浏览

在社区观赏浏览性活动中，作为活动主体的社区民众是在欣赏他人所展示的文化艺术活动或作品，也是一种对他人提供的文化产品的消费活动。这种活动种类主要有观看电影、电视、录像、幻灯片、文艺演出和展览等。文艺演出和展览有直接的现场观赏和间接的影视观赏等多种途径。

5. 社区书报阅读

社区书报阅读与社区观赏浏览活动一样，也是一种活动主体对他人文艺作品的接受行为。但社区书报阅读的客体对象主要是图书报刊，以及一些画廊、板报等载体所提供的阅览物。这种类型的活动客体物除了文就是图。活动方式可以是个体在各种时空进行，也可以是集体性地在一定时空进行。

案例：安徽省合肥市竹荫里社区的书报阅读

为提高社区居民的文化素质，安徽省合肥市竹荫里社区建造了社区图书室。面积超过80平方米的阅览室藏书3000多本。同时，社区与省图书馆建立了合作关系，每三个月更换300册图书。社区经常收到上级部门的赠书，社会、科学、文化、法治等类型的藏书不断地丰富，社区居民身边的阅读天堂不断地充实、不断地发挥着宣传教育的作用。

阅览室里面不仅有图书，还有报纸、杂志。各种日报、都市报，充满哲理的杂志、期刊，可以满足各个年龄段居民的阅读需求。每天清晨，家住社区46栋的李先生都要与老伙伴相约，到社区阅览室看看报纸、读读杂志、拉拉家常。

6. 社区教育培训

社区教育培训是一种社区民众为了提高自身的思想文化素质和业务技能而自愿参加的业余教育活动，主要形式包括各类讲座、培训、补习等，另外也包括有关文化艺术门类的一些培训与学习活动。这一类型的活动一般都是以集体性的方式进行的。

7. 社区体育健身

社区体育健身活动的内容主要包括社区体育、社区游艺等以益智健体为主要目的的文化活动。这一类型的活动大都具有智力上、技艺上的竞赛性，活动本身一般不具有思想意义。

(三)按活动主体行为方式分类的社区文化活动形式

1. 接受性社区文化活动

接受性社区文化活动是活动主体(即社区居民)的一种输入性活动，活动目的旨在从活动客体中求取愉悦、知识和审美享受。在这种活动中，活动主体主要通过活动客体去认识世界、了解世界，达到精神愉悦。诸如书报阅读、观赏浏览、教育培训等，都属于主体接受性的活动类型。

2. 表现性社区文化活动

表现性社区文化活动是活动主体(社区居民)的一种输出性活动，活动目的旨在通过创作文艺作品、塑造艺术形象、展示文化艺术成果等方式，来表现自己的思想情感、智慧和价值。诸如文艺创作、文艺表演、展览展示、体育健身活动等，都属于主体表现性的活动类型。

当然，接受性和表现性两类社区文化活动有时往往会紧密地联系在一起。接受中可以提高表现能力，表现中可以获得新的接受。有些活动中主体的接受角色和表现角色可能还会反复变换，或者同时具有接受和表现两种性质。

三、社区文化活动的组织方式

(一)社区文化活动的组织机构

1. 街道办事处

街道办事处是区政府的派出机构，是代表区级政府在辖区内实行社会管理的基层组织。由于长期以来中国一直把街道办事处管辖的行政区域作为社区区域，因此在目前情况下，街道办事处基本上是一个集行政管理、社区管理与社区文化活动管理于一身的综合性机构。一个街道办事处往往统管几个社区，并且代表政府对基层社区行使全方位的综合行政管理职能，其中社区文化的相关一部分内容，也被列入了街道办事处的管理范围之中。

2. 社区文化室(社区文化中心)

社区文化室是指由政府主办，以满足社区群众基本文化需求为目标，设置在街道、乡镇的多功能、综合性的公益性文化机构。社区文化室是基层群众文化工作的基础平台，也是社区宣传教育的重要阵地。社区文化室的基本职能，是为社区群众提供书报阅览、团队活动、教育培训、娱乐健身、影视放映、展览展示、网络信息等各类健康有益的公益文化服务，开展群众性文化、体育、科普、普法、思想道德教育和青少年校外活动。

3. 社区学校

社区学校是指设立在社区之内，利用各种社区教育资源，开展旨在提高社区成员整体素质、服务区域经济建设和社会发展等教育活动的学校机构，具有"全员、全面、全程"的开放性特征。社区学校的建立，对于保障和满足社区成员学习的基本权利与终身学习的需求，推动社区精神文明建设，促进社区可持续发展，以及建设现代社区文化具有十分重要的意义。由于社区学校中相当一部分的课程，如绘画、音乐、雕刻、烹饪、戏剧、曲艺、民俗等，都与社区文化建设有着极为密切的关系，因此社区学校往往成为社区文化建设中传播文化知识、培养文化人才的重要基地。

4. 居委会

居委会是群众自治性的社会组织，与社区群众有着极为密切的联系。居委会在社区文化活动组织与创办中往往起着十分重要的作用，成为社区文化活动组织与创办的基层社会单位。

(二)社区文化活动团队

社区文化活动团队是社区文化活动的重要载体，也是社区文化活动得以开展与进行的重要保障。它们一般是自然结合而形成的小群体，没有一定的组织规则，没有严格规定其成员的地位和角色。其成员一般是自行组合，来去自由，离合自由。社区文化团队的构成基础是成员间的情感心理关系，主要以团队成员之间的相同兴趣、爱好、追求等精神需要为引力，以感情共鸣为纽带。

由于群众文化群体是自发的和自愿的，使得这些群众文化团队往往具有易散性的特点。从需求方面看，社区文化团队主要是为了满足精神文化需要而产生的，一旦需要得以满足，便可能又会去寻求或组成新的文化群体，或者永远告别文化群体。社区文化团队中的骨干人物，对团队群体的生存或解体具有重要的作用。依靠社区文化团队中部分骨干的影响作用，可以使社区团队形成较为坚实的内聚力。另外，由于团队成员之间有着较多的共同语言以及较强的相互信任感和归属感，因而其群体的形态也往往会呈现出较为明显的内聚性特点。

（三）社区文化活动的特点

1. 时间闲暇性

社区文化活动时间的闲暇性，是指社区文化活动主要在劳动生产之余的空闲时间进行的特点。闲暇是人们正常生活的重要组成部分，闲暇活动的自由支配是人格和谐、平衡发展所必需的，而闲暇文化娱乐活动是人格多样性发展和创造潜力充分发掘的重要途径。随着社会的发展，社区民众的闲暇时间将会越来越多，社区文化活动时间的闲暇性也将越来越突出，因此对于闲暇性文化生活的调控与引导也会因此而显得越来越重要。

2. 目的功利性

社区文化活动目的的功利性，是指社区文化主体期望通过文化活动获取有一定功效和利益的结果。对于社区群众来说，进行任何一种文化活动，自然都会带有一定的娱乐审美、提高素养、消遣休息、美化生活、增智益寿等目的。社区文化活动的这种功利性目的具有普遍意义，任何人都是从一定的精神需要出发而去实现文化行为的。

3. 内容丰富性

社区文化活动内容的丰富性，是指社区文化的功能作用包含的实质与意义所涉及的方面广、种类多。诸如各种类型的文艺创作、文艺表演、游戏娱乐、科普知识、休闲养生、体育竞技等内容，都被列入社区文化活动的范围之中，鲜明地体现了社区文化活动广阔的包容精神与开放精神。

4. 形式多样性

社区文化活动形式的多样性，是指社区文化的样式繁多、表现手段多样的特点。诸如口头艺术、形体艺术，书写艺术、造型艺术、模仿艺术，以及具有现代高科技特点的电子、电脑技术等，都在社区文化的表现形式上有着极为广泛的体现。

（四）社区文化活动的管理

1. 行政化管理

行政化管理是社区文化管理中最早实现的管理模式，其具体的实行途径是由街道等政府部门直接负责对社区文化的管理工作，包括对有关社区文化中心的工作规划、项目设置、编制制定、人员考核、资金分配、绩效评估等。由于中国的社区制度是从政府行政管理模式中脱胎而成的，因此较早时期的社区文化管理一般都采用这种政府行政化管理的模式。

2. 社会化管理

社会化管理是社区文化管理模式中一种较为新颖的机制，其具体的实行途径是将社区文化活动委托给社会上具有一定资质的非营利性组织或机构来进行管理，政府不再直接参与社区文化的具体管理工作。这一做法的有利之处在于一方面可以使政府从大量的实际具体管理事务中解脱出来；另一方面则可以增加社会的活力，达到利用社会力量推动社区文化发展的目的。

案例：上海市卢湾区打浦桥街道委托社会机构管社区文化

上海市卢湾区打浦桥街道社区文化活动中心是 2005 年将原上海采矿机械厂 4300 平方米的旧厂房，采取长期租赁的办法，投入 1600 余万元整合改建而成。在运行管理方面，该街道办事处创出了一条由政府购买服务，委托社会机构运行管理的路子。他们选择了有社区服务管理经验，同时也有广泛社会资源的上海华爱社区服务中心作为运行机构，并把社区活动中心的物业委托给具有专业资质的上海金玉兰物业有限公司管理。华爱的任务主要是对活动中心内各文化活动场地的功能进行开发和管理，对大型文化活动进行特色品牌的策划。华爱招聘了 18 人组成了活动中心的工作机构，其中 6 名管理人员，12 名普通工作人员。街道办事处与其签订协议，要求每天从早上 8 点半开放到晚上 9 点，节假日则全天候开放。活动中心场地的使用采取预约登记，有序安排，为社区群众团队提供免费服务。在保证 85％的活动项目完全是公益性的免费项目的基础上，其余的实行低收费服务，并向居民发放困难群体的免费券。

3. 群众自治管理

群众自治管理也是近年来逐渐探索实行的一种新的社区文化管理机制。在部分社区中，可以由社区群众成立社区管理委员会，直接参与或主持对于本社区文化的管理工作。

四、社区文化变迁与社区文化冲突

(一)社区文化变迁与社区文化冲突的原因

社区文化变迁是指社区文化随着时间的流逝而发生的变化。当一个社区赖以生存的基本条件发生改变时，或与其他文化发生碰撞、冲突时，社区文化便会作出相应的调整和变化。社区文化变迁形式包括无意识变迁与有意识变迁，并有不同的变迁机制与变迁后果。

导致社区文化变迁的因素主要在于社区自身的变迁和外来文化的影响。从社区自身的方面来看，诸如社区居民动迁、社区行政区划改变、社区主导产业调整等因素，都会促使社区文化发生相应的变迁。由于城市建设与发展的需要而造成的社区居民动迁，是促使社区文化变迁的一个最主要的因素。一个社区中发生大规模的居民动迁，会对该社区的文化产生重要影响，甚至造成该社区文化形态的完全变形。社区行政归属的改变以及社区业态的调整等因素，也会使社区文化的形态产生相应的变化。例如，上海南市区本是上海老城厢基础上形成的一个传统行政区域，其社区文化具有鲜明的老城厢特色。但是现在归并为黄浦区以后，其社区文化中的老城厢特色逐渐减弱，而商业文化色彩则有所增强。

从外来影响方面来看，诸如移民人口入驻、流动人口增加、外来文化与思想的输入等因素，都会对社区文化的形态与特点产生重要影响，其中最主要的是移民人口入驻这一因素。由于大量移民进入社区，势必会导致社区文化的同质度减弱，异质度提高，并且产生各种文化之间的多方位碰撞。除此之外，流动人口的增加也是造成社区文化发生变化的一个重要因素。例如改革开放来，伴随上海经济的快速发展、社会环境的稳定有序，上海日益成为国内人口流动和迁移的重要集散中心。第五次人口普查数据表明，上海外来流动人口已达 387.11 万人，其中在沪居住半年以上的外来人口有 305.24 万人，占常住人口的 18.6%，因此上海各个社区中的文化形态也发生了很大的变化。另外，由于外来文化与思想的影响，也会使社区文化的形态与特点发生改变。例如，以前中国大部分社区居民都没有过圣诞节的习俗，但是改革开放以后，随着西方文化与习俗的大量进入，中国许多社区中都流行起过圣诞节。

社区文化变迁的结果会对社区本身及其文化的发展产生正负两个方面的影响，从正面的影响来看，经过一定的文化变迁，会促使社区文化更具有多样性与创新力，从而更好地促使社区生活的提升与社区文化的发展；从负面的影响来看，如果对社区文化变迁中所引起的某些矛盾与问题处理不当，就会产生一定的文化冲突，甚至造成整个社区的不稳定。产生这种文化冲突的主要原因是：

第一，在社区变迁的过程中，由于人们往往习惯于根据自身文化的个性和传统的价值观念去解释和判断其他一切群体的行为，对于新的、与自身文化传统和文化习惯不相适应的文化因素表现出较多的否定与排斥，因此新旧文化之间往往会产生矛盾，由此而导致一定的文化冲突。

第二，从一种文化背景和特定社区流入另一种行为方式和文化氛围中的外来人群，会面临与流入地居民在价值观念和行为方式上的差异，由此造成心理层面上的某些压力；而本地居民则可能对由落后文化区迁入的外来人群持偏见的态度，甚至会对外来人群产生某种程度的歧视与记恨，于是便会导致人与人、群体与群体的摩擦和斗争行为。

社区文化冲突，会直接破坏社区原有的秩序。冲突的范围越大、程度越深，社区付出的代价也就越大。因此，在当前社会经济与制度发生重大转型，尤其是城市化进程日益加快、文化发展迅猛的情况下，处理好社区文化变迁与社区文化冲突等问题，显得极为重要。

(二)社区文化矛盾与冲突的常见形态

1. 社区民族的矛盾与冲突

社区文化冲突中的一种常见形态是社区中不同民族之间的矛盾与冲突。民族是一个具有共同地域、共同生活方式、共同文化传统与共同行为习俗背景的族群共同体，独特的居住形式、语言、经济体系、社会组织以及某种信仰和价值观念，决定了各个民族都有一套自身的文化价值体系，以致与其他民族形成一定的文化差异。由于历史、社会与文化等多方面的原因，当前中国有许多各种民族共同生活的社区，在这些社区中，往往运用着不同的民族语言，同时也遵循着不同的民族文化传统与生活习俗，因此容易产生矛盾与冲突。

案例：江苏省南京市建邺区南苑街道注重化解社区生活中的民族纠纷

在江苏省南京市建邺区南苑街道健园社区中，居住着回族、满族、蒙古族、锡伯族、维吾尔族、藏族、苗族、侗族、土家族、布依族、撒拉族、东乡族、畲族、壮族14个少数民族的300多户，800多人。他们在语言、习俗、文化心理等方面都有很大差异，如果不能在社区中进行较多的相互沟通，消除文化上的差异，就容易产生矛盾。例如，该社区回民杨建材在一家民营企业上班，他请假参加一年一度的"开斋节"活动，老板却扣了他的工资，家庭原本困难的杨建材心情真是糟糕透了。社区委员会书记周晓红得知情况后，带着律师来到企业据理力争，不仅讨回了被扣的工资，还给企业老板宣传了民族政策。回民大爷余耀东与开餐馆的邻居发生了冲突，原因是餐馆老板在靠近余大爷家的窗口上打了一个排气孔。余大爷说油烟中的猪油味严重影响了他的生活，彼此互不相让。周晓红得知情况后立即赶到现场，向店主说明情况并宣传民族政策，希望他尊重少数民族的风俗习惯，爱惜邻里之间的和睦关系，结果是花了两元钱买来水泥堵上了排气孔，及时化解了纠纷。

社区民族的矛盾与冲突中也有相当一部分是在不同的社区中发生的，这种情况要比前一种情况更为普遍。由于不在同一个生活区域中生活，造成部分社区民族族群在文化上与心理上的隔阂和误解，以致发生某些矛盾与冲突。

2. 社区本地居民与外来居民的矛盾与冲突

社区本地居民与外来居民之间的矛盾与冲突现象，在当前中国城市中十分多见。快速的城市化进程，导致大量的外来人口进入城市中的某个社区，于是便打破了社区中旧有的平衡，引起该社区文化方式与生活方式的碰撞、矛盾与冲突。从心理机制上看，这种社区异质文化的矛盾与冲突的现象主要是与人们内心机制上的"自我参照"心理有关，人们往往习惯根据自身文化的个性和价值观念去解释和判断其他一切群体的行为，因而便容易产生对异文化的偏见，由此导致各种文化冲突的发生。如果这种冲突现象没有及时得到遏制，很有可能愈演愈烈，甚至导致人与人、群体与群体之间的摩擦和斗争行为。

3. 社区经济纠纷的矛盾与冲突

因经济纠纷而引起的社区矛盾是当今社会一个值得注意的现象，也是

20世纪80年代以后社区矛盾中一种较为新颖的形式。由于市场经济的发展、利益至上价值观念的形成和传播，以及道德价值体系的某些失衡，致使人们越来越看重经济利益，由此而产生的各种经济矛盾、经济纠纷也日益增多。这一现象表现在社区层面，就是社区成员间因工资、贷款、分配以及经费使用等方面的因素而引起的经济矛盾有逐渐扩展的趋势。在一些社区企业中，由于经营管理不善，经常会出现拖欠工资现象，而社区中所经营的一些产业也会由于分配不公等因素而发生纠纷与冲突。近年来，因社区居民的动迁经费或者民间借贷而引起的各种经济纠纷，更有逐渐上升的趋势。这些社区经济纠纷如果没有得到妥善解决，势必会影响社区的和谐稳定，并给社区文化的发展造成诸多不利因素。

4. 社区生活纠纷的矛盾与冲突

因为日常生活矛盾而引起的社区冲突，是社区矛盾与冲突中最为普遍的现象，也是一个很难完全避免的问题。社区作为一个一定的族群生存生活的区域，存在着资源、财力、物力以及人口容纳度方面的有限性，这种有限性越明显，这些社区居民中的生活纠纷与生活冲突就越强烈，尤其是因住房、交通、卫生、环境、子女教育等因素而引起的社区生活矛盾十分突出。在快速发展的城市社区中，经常会有一些居民因为住房紧张而抢占公共面积，或者在公共通道上停放车辆的现象，以致发生邻居之间的纠纷与冲突。近年来，因环境卫生、饲养宠物、子女教育等原因而产生的社区居民矛盾也有逐渐增加的趋势。这些矛盾与冲突虽然都是一些"鸡毛蒜皮"的生活小事，但是如果处理不当，便会影响社区的安定团结，更会对社区精神文明与先进文化的建设造成不利影响。

(三)社区文化冲突的预防与应对

由此可见，社区文化冲突的发生既有城市发展、社会变迁、经济冲击、外来影响等诸多客观方面的因素，也有价值观念、文化传统、生活习俗、心理素质等方面的主观因素，它们是引起社区文化矛盾与冲突的重要条件。为了维护社区的和谐稳定，减少因社区文化冲突而引起的社区矛盾，必须妥善制定各种预防与应对社区文化冲突的有效措施，以使社区文化冲突得到较好的平息与化解。其具体措施包括以下几个方面。

1. 公平公正原则的坚持与提倡

坚持与提倡公平公正的原则，是维护社区稳定和谐、减少社区矛盾冲突的重要基础。只有坚持公平公正，才能保障社区广大民众的共同利益，抵制不良的思想风气与小集团意识，克服利益至上、损人利己的不良行为，缓解居民内心的不平情绪，增强社区的公信力与凝聚力。

2. 和谐理念的宣传与教育

社区和谐对于社区的发展以及社区居民的生活安定具有十分重要的作用。只有有了和谐稳定的社区环境，社区成员才能获得真正的自由与全面发展，才能真正体现自身的价值与作用。因此，必须在广大社区民众中进行有关和谐社区理念的宣传与教育，积极提倡遵纪守法、相互尊重、文明礼貌、关心他人、敬老爱幼、不慕金钱、热心奉献、追求信念的精神，努力形成宽松和谐、开放包容的社区氛围，以使社区生活与社区文化向着一个更为理想的方向发展。

3. 健康社会心理的引导

社区矛盾与冲突的产生在很大程度上并不是由于原则性的分歧，而主要是由于某些个人的心理失衡因素所造成的。在日常的社区生活中，往往会因为某些小摩擦、小误会而产生一些不满情绪，以致发展为怨恨、仇视，甚至冲突。因此，在日常的社区生活中，必须注重对广大居民的心理疏导，通过访谈、交流、劝解、协商等方式，使社区居民逐渐形成健康豁达、宽容平和的心理素质，减少因一些生活小事而发生矛盾与冲突的可能性。

4. 社区群众文化活动的组织与实施

社区群众文化活动是一种建立在群体基础上而形成的文化样式，它不仅具有艺术性，同时也具有群体性。通过社区群众文化活动组织，可以促使社区民众结成一种较为紧密、亲和的人际关系，相互配合，协作行动，由此达到人与人之间的理解、信任与支持。因此，社区群众文化活动的开展往往具有很好的缓解矛盾、增进友谊的功能。通过社区群众文化活动的开展，可以把社区居民之间的矛盾化解在快乐热闹的文化活动形式里，这一点现已为大量的实际事例所证明。

案例：江西省南昌市西湖区朝阳洲街道以文化活动密切邻里关系

江西南昌市西湖区朝阳洲街道第三届邻里节上，居民自创自编自唱的《邻居之歌》获得了观众的阵阵掌声。社区里的居民分别在邻里文艺联欢、家庭趣味运动会、社区趣味运动会等项目上展开比拼。邻居们在这些活动中从相识到相知，进而走到相助，日益亲密的邻里情提升着居民的"幸福指数"。

第三节　社区文化建设的意义与作用

社区文化建设对于推动中国的改革开放与社会主义现代化建设，加强社会主义精神文明，巩固社会主义民主政治等方面具有重要的意义。中共中央办公厅、国务院办公厅转发《民政部关于在全国推进城市社区建设的意见》指出："推进城市社区建设，是繁荣基层文化生活，加强社会主义精神文明的有效措施……大力开展社区教育，引导居民爱祖国、爱城市、爱社区，可以形成崇尚先进、团结互助、扶正祛邪、积极向上的社区道德风尚；经常组织具有社区特色的群众性文体活动，丰富居民精神文化生活，可以增强社区的凝聚力，形成科学文明健康的生活方式"。

具体而言，社区文化建设的价值主要表现在政治、社会价值，精神、文化价值，社区构建价值等方面。

一、社区文化建设的政治、社会价值

(一)社区文化建设是中国特色社会主义现代化建设的重要基础

在现代化过程中，人的因素，即人的现代化是整个社会现代化的根本，而人的现代化所最为需要的是文化现代化。只有文化现代化，才能促进人的现代化。

社区作为中国社会最基层的民间自治形式，其文化建设是最具体、最直接、最能引起广泛认同的事物，它对于造就人的现代化观念、价值与生活方式必将产生广泛而深远的影响。

(二)社区文化建设是维护社会和谐与稳定的关键环节

社区文化建设促使社区秩序变得井然有序，所有社区文化必将带来整个社会秩序的稳定。社区文化是一种新的社会管理机制，同时也是新的社会秩序机制。

充分认识社区文化有利于维护社会稳定的重要价值，是开展社区文化建设的思想认识基础，也是社区文化建设的重要责任。

(三)社区文化建设是推进社会文明风尚建设的重要途径

社区文化重在形成崇尚先进、团结互助、扶正祛邪、积极向上的道德风尚，这一功能有利于提高整个社会的精神文明和道德水准。社区文化所塑造的成员，还会以其优秀模范的示范性作用，对整个社区带来良好的影响。

(四)社区文化建设是调节各种方面利益冲突的有效手段

社区文化具有精神调剂作用，即调控参与者的意识、思维活动和心理方面产生的效能。广泛开展社区文化活动，可以为社会情绪调节提供宣泄手段和渠道，架起沟通社会群体以及个人之间心理的桥梁，使人们消除隔阂，增进了解，营造融洽和谐的社会环境。

二、社区文化建设的精神、文化价值

(一)社区文化建设有利于社区成员认同和践行主流价值观念

我国作为一个社会主义国家，具有鲜明的主流价值观念，如共产主义理想、爱国主义精神、社会责任感与奉献精神、尊重民族文化传统等。而社区文化则是这些主流文化价值观念的最具体的体现者。主流文化价值要成为每一社会成员接受的价值体系，必须依赖许多社会化途径，如家庭、学校、社区等。其中，社区文化的影响，由于与人们的日常生活关系最为密切，因此能够更直接地将主流文化融入每个社区成员的内在价值体系之中，并对每个社区成员产生深刻的、潜移默化的作用。

(二)社区文化建设有利于社区成员形成成熟人格

价值观、人格和行为模式，是决定一个人文化特性与精神特性的重要因素，而这些因素的形成与一个人所处的社区环境有着十分密切的关系。任何个体的人在求取社会生存经验时，总是从一定的社区文化中加以感悟和摄取。同样地，一个人在形成自己的价值观、人格、行为模式时，也会从社区文化中获取营养，这便充分体现了社区文化对于个体成长的重要价值。一种健康优良的社区文化，将有助于培养社区成员形成正确的价值观与成熟的人格，并且对其行为模式产生重要影响。

(三)社区文化建设有利于构建社区成员的精神家园

所谓精神家园，实际上是指人对于精神理想的一种追求与寄托，这是人类生活的一种极为重要的终极目标。在当代社会中，精神家园的迷失现象较为严重，这是现代工业化和快速城市化带给人们的不利影响。而社区文化则可以通过浓重的人情味，使人们在社区中重新找回"家园"的感觉，共享人类理想生活的美好与温馨。通过文化伦理精神的弘扬、互助互爱氛围的塑造，以及各种文化趣味活动的开展，社区文化可以重塑人们的归属感与同情心，激发人们形成克己奉公、助人为乐的高尚精神，以及爱祖国、爱城市、爱社区的内在激情，使"家园"意识重新在人们的内心得到唤醒，并成为人们共建社区的最深层的动力源。

案例：湖北省宜昌市注重丰富社区文化、构建社区精神家园

湖北省宜昌市在丰富社区文化、构建精神家园方面始终以"一居一特"创建活动为目标，发挥社区文化人才资源优势，将本市石板溪社区打造成"全国学习型家庭创建示范社区"。结合辖区住宅小区多、居民素质较高的特点，提出了通过实施"123工程"建设文化型社区的构想。即提倡每个家庭"一台电脑，两份报刊，三百本图书"，从学习型家庭抓起，倡导居民们共同学习，继而创建学习型社区。丰富百姓的精神生活。现今的石板溪社区正如他们的社区之歌中唱得那样："文明和谐好社区，街坊邻里一家亲。"

(四)社区文化建设有利于丰富社区成员的文化生活

随着社会的发展，社区民众对于精神文化生活的需求日益强烈，并且越来越趋于多元化。尤其是随着现代生活方式的发展以及生活节奏的加快，社区民众的心理压力与精神压力变得越来越大。而社区文化具有兼容性、开放性的特点，可以丰富社区民众的精神生活，满足社区民众日益多样化的文化需求，以使社区民众的精神世界更加充实与完善，文化生活变得更加富有意义和充满趣味。

三、社区文化建设的社区构建价值

(一)促进社区团结

社区作为人们赖以生存与生活的共同体，需要具有一种感召力与凝聚力，这样才能把社区民众更好地组织与集聚起来，形成一种较为壮大的群体力量。在这方面，社区文化可以起到十分重要的作用。社区文化的真正意义就在于它能够通过各种生动具体的文化活动与文化形式，在广大的社区居民中树立一种较为统一的精神价值与行为规范，形成一种激励社区居民团结一致的精神力量以及整合社区居民共同奋斗的行为基础。

(二)维护社区秩序

稳定的秩序是社区建设所追求的重要目标，也是社区成员最大的期望。社区文化建设提倡一种高尚的精神文明境界以及互助、正义精神，可以促进社区中形成新的社会关系格局和稳定的社区秩序，以使这一社区具有更为和谐的社会基础。通过高尚文明的社区文化的建设与推广，可以使一个社区更好地树立崇尚先进、团结互助、扶正祛邪、积极向上的文化精神，更好地形成秩序井然、安定团结、和谐共处的社会氛围。

(三)提高社区生活质量

社区生活质量主要包括社区物质生活质量与社区精神生活质量两个部分，其中社区精神生活质量的提高和改善，与社区文化建设有着十分密切的关系。社区文化建设中那种崇尚先进、提倡文明、讲求道德、注重和谐、优化环境等的价值取向，可以极大地提高人们的精神生活质量，改善人们的精神生活内容，增添人们的精神生活趣味，从而使生活于该社区的人们的生活变得更加精彩与富有意义。

(四)规范社区管理

社区文化作为一种一定社区中居民所共同创造的文化形式，在管理机制上具有较为鲜明的群众自治管理的特点，而这种群众自治性的管理模式实际上也是整个社区管理的一个重要基础。因此，通过对于社区文化管理机制的倡导与推广，可以为自治性的社区共同体提供一种价值定位，并且达到一种社区人际关系上的一致和协调。只要社区文化为成员所一致认同，一个倡导就会一呼百应，一种牵引就会万众一心，因而可以起到促进规范社区管理的重要作用。

(五)形成特色社区发展模式

每个社区都有不同特色的发展模式，而一定的社区特色文化，则是促进与构筑这种不同的社区特色发展模式形成的重要条件。通过因地制宜的社区文化建设，可以有利地促进社区形成自身的特点，确立自身的个性，从而找到更加符合社区自身特点的发展模式与实践路径。

案例：山东省垦利县新兴社区创新社区文化工作方式

山东省垦利县新兴社区以"维护稳定、管理社区、服务居民"为中心，以"四知四清四掌握"工作机制为抓手，以创先争优活动为契机，不断创新工作方式，倾力打造"一居一特"，包括以"四星评比"提升整体水平，"金牌服务"打造和谐社区，"十清两管一服务"夯实维稳基础，"便民服务卡"提供优质服务"五要诀"提升综合素质五项内容为主的特色社区发展模式。形成了"以点带面、整体推进、亮点纷呈、特色各异"的工作格局。

第四节 社区公共文化服务概述

公共文化服务及其体系建设是我国党和政府在 21 世纪初提出来的一项重要文化政策，它强调了社会主义文化的公益性本质以及人民群众的基本文化权益，强调了基础文化建设与促进人的全面发展以及构建社会主义和谐社会的重要关系，赋予了公共文化服务以多方面的新的内涵。公共文化服务体系建设的提出，对于繁荣发展社会主义先进文化，构建社会主义和谐社会，维护人民群众基本文化权益，提高全民族的思想道德与科学文化素质，建设富强民主文明和谐的社会主义现代化国家具有重要的里程碑式意义。

值得注意的是，在 21 世纪初我国政府提出的公共文化服务体系建设的政策中，包含了丰富的有关社区公共文化服务的内容。社区作为当代人们赖以生存生活的一种区域，已经成为我国公共文化服务体系建设中的一个最基层的对象，受到了前所未有的关注与重视。而由社区所派生的大量社区文化内容、形式，以及对于社区文化起到组织与管理作用的社区文化活动中心，更是被完全列入了当前政府提出的公共文化服务体系建设的框架之中。中共中央办公厅、国务院办公厅《关于加强公共文化服务体系建设的若干意见》中指出："要把社区文化中心建设纳入城市规划，从城市住房开发投资中提取 1％，用于社区公共文化设施建设，同时注意合理布局、综合利用。"当代社区公共文化服务理念的提出，是对以往社区文化建设的继承与发展，同时又是对以往社区文化建设的提升与开拓。在当前社区公共文化服务的理念中，更加明确了"公益性"、"服务性"、"均等性"等理念，致使当代的社区文化建设更加彰显了社会主义公共文化的特性。

一、社区公共文化服务的基本概念

社区公共文化服务是指在政府主导下，以保障和实现人民群众基本文化权益、满足人民群众基本文化需求为出发点和立足点，结合社区特点，面向社区人民群众而提供的各种公益性文化服务。主要内容包括保障社区人民群众读书阅报、听广播看电视、从事艺术鉴赏、参与文化活动的服务，以及与社区公共文化服务相关的各种公共信息发布、主流文化传播活动，帮助社区群众提高综合素质及生产生活技能的相关文化活动，等等。

二、社区公共文化服务的内涵

社区公共文化服务以保障和实现社区人民群众基本文化权益、满足社区人民群众基本文化需求为出发点和立足点。充分体现社会主义文化的公益性、公平性与均等性，着重解决社区群众日益增长的文化需求与文化服务和供给相对不足的突出矛盾，为改善社区民众的精神文化生活，提高社区民众的思想道德素质，以及加强社区民众对于社区的认同感、归属感奠定重要基础。

社区公共文化服务由政府主导、由公共财政提供基本保障。中共中央办公厅、国务院办公厅《关于加强公共文化服务体系建设的若干意见》中指出：公共文化服务要"坚持以政府为主导"。在社区公共文化服务建设中，政府的主导作用主要体现在社区公共文化服务的制度建设、政策制定、经费投入、管理监督等方面。各级政府要为社区群众参与公共文化生活创造各种便利条件，努力提高自身在执行社区公共文化服务工作方面的能力，形成以政府投入为主，社会力量积极参与的稳定的社区公共文化服务投入机制。

社区公共文化服务注重人民群众的自我管理与自我发展。社区具有一定的群众自治特性，这就要求社区公共文化服务工作也必须遵循社区群众自治自理的原则，充分体现社区群众在社区公共文化服务中的主导作用，充分注重人民群众在公共文化服务建设中的自我管理与自我发展。具体内容包括，让社区群众参与社区公共文化政策的制定与社区公共文化工作的管理，参与社区公共文化服务项目的日常运作，保障社区群众在公共文化服务建设中具有更多的选择权、参与权与决策权等。

三、社区公共文化服务的外延

社区公共文化服务的外延，主要是指社区公共文化服务所包含的各种具体项目活动与条件保障，包括为社区民众提供读书阅报、听广播、看电视、从事艺术鉴赏、参与文化活动的条件，为社区民众提供文艺表演、教育培训、科普普法、健身康复、休闲娱乐等各类公益性的服务，以及为广大社区民众提供开展各类活动的场地、设施、人员等。与社区公共文化服务相关的内容还包括各种旨在突出文化价值理念引导的公共信息发布、主流文化传播活动，以及各种帮助社区群众提高综合素质与生产生活技能的相关文化活动等。

四、社区公共文化服务与社区文化建设、公共文化服务体系建设的关系

(一)社区公共文化服务是社区文化建设事业的延伸与拓展

公共文化服务体系建设是我国党和政府在新的历史时期对我国的文化事业工作所提出的一个新的任务与目标。公共文化服务体系建设理念的提出，是对社区文化建设事业的一种创新与发展，更加强调了中国基层文化事业的服务性与体系性。20 世纪 80 年代提出的社区文化建设概念，主要是从社区精神文明建设与思想道德建设的层面上提出的，它所强调的重点是文化建设对于社会与社区发展的重要意义，以及具体实现社区文化建设的方法与路径。而 21 世纪初提出的社区公共文化服务，则在社区文化建设的基础上重点强调了社区文化的公共性质与公益性质，以及以社区居民为主体对象的服务功能，将原来的社区文化建设理念提高到了一个新的高度。

(二)社区公共文化服务是公共文化服务体系建设的有机组成部分

我国的公共文化服务体系建设是一项系统性的文化工程，其中既包含了大中型城市的公共文化服务设施建设与功能实施的内容，又包含了各个区县、乡镇以及社区基层公共文化服务设施建设与功能实施的内容。中共中央办公厅、国务院办公厅《关于加强公共文化服务体系建设的若干意见》中指出："以大中型城市公共文化设施为骨干，以县、乡（镇）和社区基层文化设施为基础，统筹规划，合理布局……优化社区和乡村公共文化资源

配置，形成覆盖城乡、结构合理、功能健全、实用高效的公共文化设施网络。"这一文件精神充分说明，当前我国提出的公共文化服务体系建设，具有城乡统筹、兼顾重点与基层等不同层级的特点，其中有关基层公共文化服务的内容，实际上主要就是在广大的社区中进行的。社区公共文化服务具体包括了社区公共文化设施建设、社区公共文化资源供给、社区文化队伍建设和扶持、社区公共文化服务技术支撑、社区公共文化运行资金保障、社区公共文化服务绩效评估等诸多环节。社区公共文化建设体现了公共文化服务体系建设中注重基层、注重民众的特点，以及中国政府对于保障广大民众基本文化权利问题的重视，因此是我国公共文化服务体系建设中的一个有机组成部分。

(三)社区公共文化服务是公共文化服务体系建设的重要基础

社区公共文化服务是公共文化服务体系建设中最为广泛和普及的一项工作，涉及千百万普通民众的文化需求和文化权益。社区公共文化服务工作的成效，将直接对我国的公共文化服务体系建设工作产生重要影响，成为决定我国公共文化服务体系建设能否顺利进行的重要基础，尤其是直接关系到广大民众对于我国公共文化服务体系建设的评价与认同程度。

第五节　社区公共文化服务的特点与功能

一、社区公共文化服务的特点

(一)公益性

社区公共文化服务的目的在于保障和实现人民群众的基本文化权益，具有较为明确的社会公益性，这就决定了社区公共文化服务活动的开展必须坚持公益性的立场，体现文化服务的公平性与公正性，而不能带有营利性的目的。公益性是公共文化服务区别于市场经营性文化的本质特征，也是公共文化服务的根本原则。公共文化服务必须以实现公民文化权益为准则，追求社会效益的最大化，体现国家和社会的公共利益。为了更好地维护社区公共文化的公益性质，社区公共文化服务必须在政府的主导下进行，由政府向社区人民群众提供各种公共文化产品和服务，并且以公共财政投入的方式为社区公共文化服务事业提供基本的经费保障。

案例：广东省东莞市凤岗镇搭建居民文化交流平台

作为全市首个专门服务于居民业主的公益性社区文化机构，广东省东莞市凤岗镇于 2011 年成立了该市第一个公益性社区文化中心，这标志着居民之间有了一个交流的平台，将更加丰富大家的业余精神生活，加强邻里之间的沟通。今后将通过社区居民出戏、中心搭台的形式，进一步密切小区的邻里关系。

(二)基本性

社区公共文化服务主要满足社区人民群众最基本的文化需求。在现阶段，社区公共文化服务的基本性具有特定的内涵，它重在满足社区人民群众读书阅报、听广播看电视、从事公共艺术鉴赏、参加公共文化活动等基本需求，基本满足社区居民就近便捷地享受公共文化服务的需求。这种以满足广大民众基本性文化需求为目的的服务特点，是根据当前我国实际的经济社会发展水平而提出的。在当前的经济社会发展水平上，政府提供的文化产品与服务是有限的和基本的，超出基本范畴的文化需求，则可以通过更广泛的文化市场得以实现。

(三)均等性

均等性是体现我国公共文化服务公平性的一个重要方面，也是我国公共文化服务体系建设的一项重要任务。目前，由于我国各个区域间与城乡间的发展不平衡，因此在公共文化服务方面也存在着十分明显的区域和城乡之间的发展不均衡问题。我国现有的公共文化服务工作中的两大突出问题是：第一，城乡之间的差距较大，而且一些地方差距有进一步扩大的趋势；第二，地区之间的差距较大，不同地区的人享受的公共文化服务不均等。这两点在各个社区之间也显得非常明显。由于不同的地域环境、经济发展水平与文化发展水平，致使各个社区之间在享受公共文化服务方面存在很大的差异。因此在现阶段，需要加大统筹力度，大力提升社区公共文化服务的均衡性水平。公共文化服务和资源必须公平分配，对公共文化设施和公共文化资源必须均衡布局，使得所有人都能享受到政府提供的同等程度的公共文化服务。

案例：文化活动成为广州市提高"均等"的抓手

"十一五"期间，广州市通过创新公共文化服务方式和提高公共文化服务技术水平，实现公共文化服务的均等化。在广州，广场活动、文艺表演、展览、免费电影、知识竞赛、读书活动、文化下乡等都已成为群众文化活动的常态。目前，全市各类群众文艺团队(含合唱、歌咏)已达5000多个，文化辅导员有3000多名。公益文化春风行、"我们的节日"系列活动、"迎国庆、讲文明、树新风、促和谐"系列活动、"百歌颂中华"、"书香羊城——全民阅读系列活动"、"和声飞扬——广佛同城群众性歌咏活动"、金钟奖系列群众文化活动、"羊城之夏"青少年暑期系列活动、文化馆站文艺调演等文化活动，极大地吸引了市民参与。"九艺节"期间，150多场丰富多彩的群众文化活动与群星奖比赛交相辉映，吸引了大批市民。广州亚运会期间，200多场群众文化活动更是展示了广州市民支持亚运、参与亚运的激情，营造了"喜庆、欢乐、祥和"的城市文化氛围。

(四)便利性

便利性是衡量社区公共文化服务品质的一个重要标准，同时也是保障社区民众充分享受文化权益的一个重要体现。社区公共文化服务必须以方便人们享受公共文化服务为原则，所提供的公共文化服务产品要深入到人们的日常生活和生产之中，并与人们的日常生活和生产有机结合。社区公共文化服务的便利性不仅要体现在社区"硬件"文化设施建设方面，同时也要体现在社区"软件"文化建设方面，即为社区居民所提供的各种文化服务要具有方便快捷、入门容易、手续简化等特点。

(五)丰富性

社区公共文化服务的丰富性，主要集中体现在服务内容和服务形式的灵活多样方面。当今社会，社区人民群众对文化服务的需求不断增长，社区人民群众对于文化消费的形式日趋多元，这就要求社区公共文化服务也必须不断丰富内容、创新形式、拓展服务的领域和空间，唯其如此，社区公共文化服务才会具有持久的生命力。

案例：上海市曲阳社区文化中心将周边、就近办活动作为提高"便利"的关键

上海市曲阳社区文化中心使用半年多来，按照区委、区政府有关加强

"三中心两室"和推进文明城区建设的要求，坚持以公益性服务为主线，努力为曲阳社区和周边地区群众提供优质的文化服务。目前开设的主要服务项目有：党员服务、展示展览、影视放映、图书阅览、信息咨询、会议会务、群文活动、各类培训以及健身、体质测试、信息苑等近20多项。其中，"走近经典"社区文化生活摄影展和"见证2007大柏树"摄影展、上海歌剧院专场演出、建设"和谐社区、生活家园"系列报告会、虹口区先进文化建设研讨会、孔祥东先生艺术讲座等活动，都给市民群众留下了深刻印象。据初步统计，正式运行半年多以来，前来中心参加各类活动有九万多人次，日平均人次在千人左右。其中，图书馆、信息苑每天的上座率均保持在八成以上。全社区153支社区文化团队绝大多数都曾来此举办过学习、交流活动，其中，体质测试等活动广受市民欢迎。

二、社区公共文化服务的功能

(一)群众基本文化权益实现功能

维护与保障人民群众的基本文化权益，是体现一个国家民主政治的重要标志，也是每个社会成员应该得到的人生基本权利，它与政治权益、经济权益、社会权益一起，共同构成了"人的自由和全面发展"的重要前提。马克思在《资本论》中指出：一个高级的社会形态，是"以每个人的全面而自由发展为基本原则的"。在这种全面而自由的发展中，包含了人类共有的创造文化与享受文化的需要。因此，作为一个文明与法治的社会，就必须更好地维护与保障人民群众创造文化与享受文化的权益，以使人民群众能够更好地实现全面和自由发展。

当前我国的公共文化服务体系建设事业，体现了鲜明的维护与保障人民群众基本文化权益的本质，具有鲜明的维护与保障人民群众基本文化权益的功能。胡锦涛总书记指出："发展公益性文化事业，保障人民基本文化权益，是社会主义文化建设的重要目的。建立健全公共文化服务体系，是人民群众基本文化权益的重要保障。"这充分体现了我国党和政府对于保障人民群众基本文化权益问题的重视，以及希望通过公共文化服务体系的构建来实现这一目的的鲜明意图。

社区公共文化服务是我国公共文化服务体系的一个重要组成部分，它作为一种处于最基层地位的服务形式，面向大量的基本群众，具有更大的普及性与广泛性。通过对社区公共文化服务活动的开展与实施，可以较大程度地满足社区民众的各种基本文化消费需求，以使广大社区民众获得更多的文化享受机会与文化权益保障，并在这种文化享受与文化保障中更好地实现自身的全面与自由发展。通过对于社区公共文化服务活动的开展与实施，也可以更好地体现社会主义和谐社会的本质内涵，使人民群众的社会身份能够得到更多的尊重，使人民群众的根本利益得到更好的实现、维护与保障。

(二)群众基本文化需求满足功能

社区公共文化服务的目的和宗旨具有鲜明的满足人民群众基本文化需求的价值取向，这种价值取向主要是通过它在社区公共文化服务方面的一些具体功能而得以实现的。社区公共文化服务首先具有为满足人民群众最基本的享受文化资源需要的内容功能，以使社区民众能够较为便利地实现读书阅报、听广播看电视、从事公共艺术鉴赏、参加公共文化活动等方面的精神生活愿望；社区公共文化服务同时具有为满足人民群众最基本的享受文化资源需要的生产功能，通过自身的创造与创新能力，向广大的社区民众提供各种优质的文化产品，为社区基层提供图书、演出、展览、讲座、信息、人才等各种文化资源；另外，社区公共文化服务还具有为满足人民群众最基本的享受文化资源需要的管理功能，它可以通过政府主导、社会参与、多方协调、共享共建的管理机制，充分调动各个方面的积极因素，充分发挥政府、社会与民众的作用和优势，对社区文化服务实行切实有效的科学管理，形成社区公共文化服务的群体合力，借以更好地实现满足人民群众享受基本文化需求的目的。

案例：上海市徐汇区凌云社区满足基本需求设施和项目并重

上海市徐汇区凌云社区大力推进社区文化设施建设，满足群众的基本文化需求。完成梅陇六村、梅陇九村、长陇苑等文化活动室改建装修，增设阅览室、综合活动室等功能区域；重新装修社区学校，更新信息苑、"宝宝乐"早教活动分中心功能设施，增设读书卡、节目展演等文化服务项目。完善社区文化活动中心共建运作机制，投入40余万元用于设施维护和设备更新，定期提供文化展览、戏曲沙龙、评弹演出和公益场电影等文化服务内容。整合社会资源，与华东理工大学等专业院校合作成立健身俱乐部、科学商店等体育文化服务组织，实行专业团队管理，招募志愿者提供服务，并定期开展服务对象满意度评估，促进文化服务专业化运作。

(三)社会主义核心价值观念引导功能

价值观是社区文化精神的核心所在，在社区文化建设中具有至关重要的地位。社会主义的核心价值观念提倡以人为本、和谐发展的价值理念，马克思主义指导思想，中国特色社会主义共同理想，以爱国主义为核心的民族精神和以改革创新为核心的时代精神，社会主义荣辱观，构成了社会主义核心价值体系的基本内容。在改革开放日益深化的今天，我国综合国力不断增强，国际地位不断提高，人们的自尊心、自信心、自豪感极大增强，全民族的思想道德水准也有了明显进步。但应该正视的是，在外来的和内生的一些错误、落后、腐朽的思想观念影响下，价值失落、价值混乱、价值扭曲现象在一定范围内和一定程度上仍然存在，这不仅给我们国家和民族的形象带来负面影响，而且对社会主义和谐社会的构建造成思想和道德障碍。社会主义核心价值体系的提出，对在全党全社会树立与建设中国特色社会主义相匹配的价值取向、思想观念和道德操守，巩固全党全国人民团结奋斗的共同思想道德基础，将会发挥巨大的作用。因此，要把建设社会主义核心价值体系的要求融入公共文化服务体系建设全过程中，使之成为公共文化服务体系建设的统领和支撑，既发挥社会主义核心价值体系对公共文化服务体系建设实践的指导作用，又在公共文化服务体系建设实践中检验和促进社会主义核心价值体系建设。

社区公共文化服务是发挥社会主义核心价值观念引导功能的最基层、最根本和最关键的载体。通过社区公共文化服务的方式，可以使以社会主义核心价值观为主导的主流价值观念更贴近社区基层人民群众，在社区群众中逐渐形成爱国主义、集体主义与革命英雄主义的价值导向，开拓进取、积极向上、勇于奉献、追求理想的生活态度，以及文明礼貌、和谐共处、相互尊重、尊老爱幼的道德风尚，使社区建设更能有利于人的全面发展与社会的文明进步。

(四)人民群众文化艺术才能发展功能

人民群众是文化建设与发展的主体，尤其是在社区文化的建设与发展过程中，人民群众具有极为重要的地位。党的十六大以来，中央反复强调要充分发挥人民群众在文化建设中的主体作用,激发全民族的文化创造活力。党的十七大报告中更是明确指出:"要始终把实现好、维护好、发展好最广大人民的根本利益作为党和国家一切工作的出发点和落脚点,尊重人民主体地位,发挥人民首创精神,保障人民各项权益"。

社区公共文化服务是一个能够为广大人民群众释放和发挥文化艺术才情潜能的重要基础性平台,同时也是一个能够使广大人民群众积极参与文化建设的重要渠道。通过各种社区公共文化服务活动的开展与实施,可以广泛激发社区民众在文艺创作、文艺表演、文化娱乐、体育竞技等方面的创作热情,充分展现社区民众在文化创造与文化展示方面的智慧和才能。通过各种社区公共文化服务活动的开展与实施,可以使各种社区文化艺术得到更多的交流与融合,同时使各种社区文艺创作与文化活动在这种广泛的交流与融合过程中得到更多的提高、开拓与发展。

第六节 社区公共文化服务的内容分类与主要载体

一、社区公共文化服务的内容分类

(一)读书阅报服务

读书阅报无疑依然是全社会广大社区群众最为依赖的文化消费方式,今后还将是社区公共文化服务的重要形式之一。当前我国社区层面的读书阅报服务功能,主要依托于设在社区文化活动中心中的社区图书馆得以实现。目前已有一大批社区图书馆成为社区居民读书阅报、求取知识的园地。这些社区图书馆中一般都藏有几千册甚至上万册的图书与报刊资料,可供社区居民自由选择阅览。

案例:读书阅报在上海市黄浦区半淞园路街道蔚然成风

上海市黄浦区半淞园路街道社区图书馆,21世纪初时已经成为一个规模庞大、特色鲜明的社区图书馆,曾经连续三年获得"特级社区图书馆"称号。该馆拥有600多平方米的阅览大厅,150多个阅览席位,馆藏图书达到3.8万多册,其中90%都是精心挑选的新书。为了让读者进门就能找到自己想要的书,该图书馆还在最醒目的中心区设置了8个热门图书专架,如未成年人教育、科普、旅游、健康、时政解读等。2010 年，该馆又购入了几百册新版连环画，建立了上海市黄浦区第一个连环画图书借阅专架。统计显示，2010 年全年，该图书馆每天都有近 200 人次的读者，日均外借图书 174 册次。阅览室上座率平日达到 70％左右，到了双休日、节假日和寒暑假更是几乎坐满。读者类型也由以中老年和中小学生为主转向各个年龄段的读者，包括在社区居住、工作的白领阶层、机关干部和大学生等。

案例：吉林省长春市建立完善的图书配送系统

吉林省长春市"图书馆分馆进社区活动"启动以来，长春市图书馆、长春市少年儿童图书馆已经建立了 69 个分馆，为社区分馆配送图书及共享工程文化信息资源 50 余次，配送图书 21790 册，期刊 4700 册，共享工程光盘 500 余件。采用通借通还的借阅方式，居民在社区就可以借阅到市图书馆的图书。协作图书馆启动以来，社区分馆的读者流量和文献借阅量显著增加。

(二)公共文化信息服务

社区公共文化信息服务是利用先进的信息技术条件在社区层面进行公共文化服务的一种基本形式，通过实施"国家公共文化服务信息共享工程"、设立"电子阅览室"等方式，可以不断拓展社区公共文化服务的渠道，拓宽社区公共文化服务的空间。

案例：上海市的广覆盖的公共信息服务系统

上海市自 2003 年以来推出的"东方社区信息苑工程"，以互联网等高新技术、载体和模式集成创新的"天罗地网"方式，直接建在社区，面向普通群众，具有公益上网、现场培训、数字影院放送等功能的新型互联网公共文化设施和服务平台，现已构建"全覆盖布点"的服务渠道、"联网连锁"的服务模式和"共建共享"的服务品牌，受到居民的普遍欢迎。2003 年至今，上海已建设运营东方社区信息苑 300 家，东方农村信息点 1697 家，覆盖全市 18 个区县所属街镇及行政村，实现互联网公共服务、网上公共文化资源共享接入、高清数字电影播放、多媒体培训等服务功能，年服务总人次超过 1400 万。近年来，上海东方社区信息苑还突破了传统手段，运用远程控制、信息安全等技术，自主研发了东方社区信息苑中央管理平台，强化了异构内容整合发布、网络访问多层监管、用户行为分级管控等功能，确保东方社区信息苑的内容多样化、信息安全化、管理精细化、服务标准化。

案例：江苏省苏州市湖西社区帮助老年人学电脑

在苏州市湖西社区，越来越多的老年人抱着"与时俱进，活到老学到老"的想法，或自学成才，或报班，掌握了计算机应用技术。既充实了老年人的文化生活内容，提高了生活质量，又激发了老年人分享信息网络时代科技成果的积极性，有助于促进社会和谐。以前，老年人学电脑主要是浏览网页，跟远方的亲友网上视频聊天，或将自己感兴趣的主题照片制作成PPT自我欣赏。近年来，该社区积极响应苏州市老年大学的号召，组织居民踊跃参加老年人计算机技能展示活动，为他们的学习成果搭建了展示的平台，让老年人真正老有所学、老有所为、老有所乐。2011年，新加社区老人谢如鹏的作品在获得园区计算机比赛优胜奖后，又代表园区参赛，在苏州市第三届老年大学老年人"迪巧杯"计算机技能展示活动中荣获一等奖。从物质环境的改善到精神生活的丰富，从老年人的好心情到家庭的真和谐，老百姓的真情实感中折射的是幸福社区建设中取得的成效。

（三）公共文化艺术鉴赏服务

在社区公共文化服务过程中，不断科学化、人性化地激发和培育广大社区居民群众的文化艺术鉴赏水平，对于丰富社区人民群众文化的生活十分重要。这就需要在社区公共服务体系中，引入大量艺术水平较高、表现形式丰富多样、题材内容新颖独特、为广大社区民众所喜闻乐见的文化艺术鉴赏样式与项目，使广大社区民众通过对这些文化艺术的鉴赏，满足精神需求，提高审美情趣。近年来，随着经济文化的发展，我国社区层面的公共文化艺术鉴赏样式日趋丰富与广泛，诸如电影、戏曲、曲艺、绘画、雕刻、剪纸、音乐、舞蹈、体操、服装表演等，它们大多具有较高的艺术水平，并与社区居民的审美趣味较为吻合，因此受到社区民众的广泛欢迎。

案例：上海市闸北区临汾街道注重公共艺术鉴赏的多元化

上海闸北区临汾街道社区文化活动中心在 2008 年时引进了"东方社区剧场"和"数字影院"两项重要的文化项目，使临汾社区的居民不出社区就能在社区文化活动中心的多功能厅中每月欣赏一次专业文艺院团的演出，每周两场以每张 2 元的低廉价格观看新的国产片，享受高科技的数字文化产品，进一步提升了社区文化活动中心的服务功能。该社区文化活动中心还专门开辟了"曲艺室"供社区居民在此开办戏曲沙龙。街道投入资金对原有设施进行了改建，配有 100 个座位和立体音响设备。建成后的"曲艺室"既能为戏迷提供看台，又能为戏曲爱好者搭建展示才能的舞台，目前已有越剧、沪剧、京剧和评弹戏曲进入该中心活动，现在这个曲艺室中是天天演戏，场场爆满，受到了当地社区民众的广泛好评。

案例：讲堂是青岛市提高市民文化能力的好方式

近年来，青岛市开发区建立起了"群众文化大讲堂"、"幸福青岛开发区"群众文化活动等群众文化活动品牌，通过举办"市民文化大讲堂"，邀请知名专家学者就文史知识、摄影艺术、生活时尚、娱乐健身等与市民生活密切相关的大众话题，传授知识，答疑解惑。截至目前，"市民文化大讲堂"已经举行各类讲座 30 余场，听众达 2000 余人次。而"幸福青岛开发区"更是大放异彩，每年都要举办各类广场演出，到敬老院、学校、部队、社区等基层演出 100 场以上。据了解，下一步，该社区将继续实施"西海岸文化家园"工程，完善区内文化设施场所，并向社会免费开放服务，为群众性文化活动提供便利。同时，以社区文化活动中心为依托，精心组织"幸福青岛开发区"、"爱国歌曲大家唱"、"读书节"、"市民文化大讲堂"、"社区大舞台"等丰富多彩的群众文化活动，推进各具特色的社区文化、广场文化等文化惠民建设。

（四）公共文化活动组织

公共文化活动是当代群众性文化活动的一种重要形式，也是当代公共文化服务体系建设中一项十分重要的内容。它十分鲜明地体现了文化的公共性特点，为广大民众创造了广泛的文化活动空间。

在社区层面的公共文化服务工作中，组织开展公共文化活动是其中一项极为重要的基本内容，具体包括举办各种具有社区特色的文化节庆、文艺演出、展览展示、比赛竞赛、论坛讲座、教育培训等。

案例：组织和策划是上海市浦新路街道社区公共文化活动有序进行的关键

上海市浦东新区浦新路街道社区在 2010 年时专门成立了"三部一馆一室"，其中的文化活动部主要承担文体活动开展和大型活动的策划与实施工作。近年来，该社区文化中心成功承办了浦东新区闹元宵大型游园活动、上海世博城市文化体验日活动、中日民间艺术交流展览等一系列重大文化活动，同时还配合街道有关部门策划举办了"三八文艺汇演"、五一"讲述劳动者的故事"大型主题活动、"庆五四青年文艺演出"、科普大世界活动、教师节表彰会、廉政文化十月红歌会、书画展览等活动。另外还组织了浦东新区"文化进社区"百场文艺巡演和东方宣教进社区的演出。该社区文化中心还为本社区的"民族、民俗、民间"文化特色品牌创建活动的开展提供了各方面的支持，得到了居民群众的一致好评。

案例：长春市公共文化活动组织能力强、效果好

从 2007 年开始，长春市每年定期举办社区文化艺术节。艺术节历时半年，活动内容丰富多彩，参与对象广泛，社会影响巨大。期间，欢乐社区行、万人大合唱、歌手大奖赛、书画大赛、赛歌会、戏曲表演、家庭才艺大赛、秧歌大赛等一系列文化活动内容丰富、异彩纷呈。2007 年至今，长春市举办群众性文艺演出活动万余场，参与演出和观看的群众累计数百万人次，"社区艺术节"已成为群众文化活动的品牌项目。同时，长春市还注重强化群众性特色文化品牌建设，如精心策划和扶持具有南关特色的"国学大讲堂"、"元宵庙会"、"传统文化节"等全国有影响的文化品牌，打造朝阳区 8 个街道 200 人同时表演的"剑拳扇舞"广场舞蹈队伍、"千人广场晨练"项目、"芳情雅趣漫朝阳"社区文化沙龙等系列活动，对提升长春的文化知名度起到了积极的推动作用。

（五）群众自娱自乐活动扶持

随着个性意识的逐渐增强与独立人格的逐渐形成，当代人们对于文化的需求已经不再满足于对现成的文化艺术作品的欣赏，而是有着强烈的对于文化艺术的自我表现欲望与参与体验意识，并且希望通过对文化艺术活动的参与来达到个人价值的实现。当今各个社区中大量出现的群众性自娱自乐活动，如歌舞表演、体操表演、服装表演、诗歌朗诵表演等，都是其中较为典型的形式。在这方面，社区公共文化服务也有着重要的作用。通过社区公共文化服务，可以将广大的社区居民群众组织成一种群体性的活动团体，使社区民众通过这些活动更好地实现自己参与社会与文化体验的目的，同时也可以使这些群体性的自娱自乐活动产生更大的影响力与表现力。

案例：吉林省长春市注重扶持群众自娱自乐

　　吉林省长春市积极引导社区进行特色文化建设。为营造欢乐、祥和、文明的社区文化氛围，提高社区居民对社区的认同感、归属感，以社区群众文化队伍为主体，吸引全体居民参加，开展了健身操表演、老年时装表演、秧歌腰鼓表演、京剧票友演唱会、读书演讲比赛、家庭才艺大赛等活动。由于这些活动具有自愿参加、地点就近、形式多样、贴近生活的特点，因此深受广大社区居民的欢迎，群众参与的热情非常高。为了参加这些活动，部分群众还充分利用社区特有的文化资源和自己的文艺特长，推出了一些特色文化节目，着力打造"一街一品，一区一特"的特色社区文化。如绿园区的青浦社区以"文化服务民生"为特色品牌，二道区的东站街道十委社区以"谭竹青精神"为特色文化品牌等，逐步引导全市各街道、各社区实现有品牌、有特色的文化建设工作。

　　社区公共文化服务在组织与扶持群众自娱自乐活动方面的一个重要举措是为其提供必要的场地。目前，社区文化活动中心大都坚持免费为社区民众的参与性活动提供场地，体现了鲜明的公益性文化服务特色。

案例：上海市闸北区临汾街道免费服务有自办特色

　　上海市闸北区临汾社区文化中心常年来一直坚持免费为该社区的群众提供活动场地，其中心活动场地共设置了40多个不同项目的活动内容，收取公益成本费的仅有15项，其余均实行免费开放。近年来，该中心还引进了心理工作室、戏剧工作室、摄影工作室、早教基地等一些专业工作室，结合社区居民新的文化需求，进行多元化的引领，充分体现了以政府为主导的公益性原则。

案例：江苏省徐州市泉山区积极扶持群众文化

为了让社区广大居民有一个休闲文体活动场所，徐州市泉山区民乐社区通过居民个人奉献一点、属地单位赞助一点、街道扶持一点，改造了300余平方米的水磨石地面广场，增建了老年活动中心、宣教活动中心、图书阅览室、棋牌室、乒乓球室、残疾人康复室等社区文化活动基础设施，并在全市率先组建了居民艺术团，分设腰鼓队、舞蹈队、合唱队等，以弘扬先进文化为方向，以满足社区居民的文化需求为出发点，以居民生活中的典型事例为主题，自编自演健康向上的文艺节目，走街串巷演出，既丰富了居民的文化生活，又寓教于乐，宣传了文化。

社区公共文化服务在组织与扶持群众自娱自乐活动方面的另一个重要举措是扶持社区文化活动团队。随着文化活动的蓬勃开展，社区居民对文化活动有了越来越高的参与愿望，各个社区内的戏曲班、丝竹队、体操队、合唱队、服装表演队等群众性团队组织也越来越多。对于这些社区群众团队，所在区域的社区通常都给予多方面的扶持与支持，包括挖掘骨干、派遣教师、提供经费、培训辅导等。

案例：上海市奉贤区南桥街道重视对群众文艺的专业指导

上海市奉贤区南桥街道社区文化中心为了较好地扶持该社区的群众文化团队，除了经常向这些团队派遣文化指导员进行辅导以外，还注重从团队中挖掘文艺骨干，重点培养，每年还举行两次定期的培训，并通过展演比赛等方式鼓励这些团队提高节目质量。目前，该社区已经形成了一批相对成熟、演艺水平较高、活动相对固定的规模型业余团队，并在该社区的各种文化活动中发挥着中坚力量。该社区文化活动中心还通过聘请特约创作员的方式，为有关团队定期召开创作会，每年一次邀请区文化馆及南桥镇部分创作老师参加"南桥镇群文创作会议"，创作的优秀作品全部由业余文化团队编排及演出，在全镇各种活动中取得了很好的反响。

案例：苏州市湖西社区挖掘整合社区文化资源扶持的有效路径

乐爱合唱团和乐龄舞蹈队是苏州市湖西社区家喻户晓的文化品牌，对于二者的培育，湖西社工委坚持从"扶持引领"到"以奖代补"的主线，走政府倡导、基层管理、群众组建、自我发展的路子。团队的雏形分别是2006年湖西乐龄学校成立之初的唱歌班和舞蹈班，队员大多是社区的文体骨干和离退休文艺工作者，随后，他们带动有灵性、爱学习的居民。在社工委的扶持引导下，团队朝着更加专业的方向发展。乐爱合唱团从最初的20余人发展至声部齐全的70余人；乐龄舞蹈队则从40余人的舞蹈班中精挑细选，组建了一支20人的专业舞蹈队伍。经过资深专业教师的教授，湖西闪烁起颗颗"百姓明星"，成为开展文化活动的中坚力量。为进一步激发群众文化参与的热情，打造文化品牌，社工委按照演出规格制定奖励细则，并为其配备了一流的师资力量，同时，积极为其争取展示的平台。功夫不负有心人，经过多方努力，两支团队声名鹊起。2011年，乐爱合唱团在苏州市"党旗颂"红歌会暨"社保情"第七届文艺汇演中荣获一等奖，并在园区纪念建党九十周年红歌会、湖西"中秋月明社区情"广场演出等活动中受到广泛赞誉。

二、社区公共文化服务的主要载体

(一)社区公共文化设施

随着公共文化服务体系建设的不断推进，社区公共文化设施建设的规范化、标准化工作普遍推开。当前我国的社区公共文化设施主要由社区图书室、阅览室、电子阅览室、文艺活动室、少儿活动室、休闲娱乐室、体育健身室、党员学习室、多功能厅等组成。这些设施在社区公共文化服务中发挥着重要作用。

图书室、阅览室是社区公共文化服务体系中最基本的设施，主要功能是满足社区居民看书阅报、学习知识、获得信息的需要，同时也为社区居民创造了一种沟通情感、丰富生活、陶冶情操的空间。在社区图书室与社区阅览室中，一般都有相当数量的图书、报纸与杂志，有的还有一些独特的专门性书籍资料，如旅游书籍、烹饪书籍、生活指南书籍、医疗卫生书籍、连环画册等。

电子阅览室是当代信息网络化技术在社区文化服务中的具体体现，它的主要功能是为社区居民提供各种电子网络信息服务，以满足广大社区居民上网浏览信息、进行网络游戏等各种需要。

文艺活动室主要是为了满足社区居民进行音乐、舞蹈、戏剧、曲艺、绘画、雕刻等文艺活动的需要而设置的文化服务设施，具体又可以分为音乐演唱室、舞蹈排练室、戏曲演唱室、绘画室、工艺室等。由于文艺活动在社区文化活动中占据很高的比例，因此社区公共文化设施中的文艺活动室的数量也相对较多。

少儿活动室是为了少年儿童的活动需要而设置的社区文化服务设施，其设施内容大多符合少年儿童的特点，如启智游戏、各类手工、绘画书法、各色玩具、拼图拼板等。在部分社区少儿活动室中，还设有一些父母与儿童互动的设施，以满足父母与子女进行"亲子活动"的文化需求。

休闲娱乐室是为了适合社区居民休闲娱乐而设置的社区文化服务设施，其具体形式包括棋牌室、视听室、游艺室等。在这些场所中，人们可以充分享受下棋打牌、影视观赏、游戏竞技、听戏赏曲、品茗饮茶的快乐，寻找一份现代人所十分向往的放松与休闲。

体育健身室是为了满足社区居民，尤其是青少年体育锻炼的需要而设置的文化服务设施，具体又分为乒乓球室、台球室、健身房、老年活动室等。随着人们保健意识的加强与文化水平的提高，社区居民对于加强体育活动的需求越来越强烈，因此在当代社会的许多社区文化活动中心内，大都设有各种体育健身设施，以供广大社区居民使用。

党员学习室是供党员学习政治与研究时事的场所，这里一般都设有许多有关政治、时事、思想、社会、生活等方面的报纸与杂志，有的还有党和政府在各个时期颁发的文件。这里可以为党员们学习知识、研究问题提供许多方便，同时也可以为党员开展活动创造一定的空间。

多功能厅主要是为了满足作学术报告、专题讲座、小型集会、联谊活动、电影放映、文艺表演等多种文化需要而设置的社区文化设施，在整个社区文化服务设施中的作用非常重要。社区多功能厅中一般都配有较好的音响、灯光、舞台、投影等设备，以起到较为理想的视听与感觉效果。

21 世纪以来，由于党和政府对于社区公共文化事业的重视，社区公共文化设施的规模逐渐扩大，其配置标准也逐渐走向完善。

案例：上海市社区文化设施设备按标准建设配置

2007年时，上海文广局便出台了有关社区文化活动中心的基本配置要求，对于本市的社区文化活动中心的规模、范围、设施进行了规范性的规定。其中，社区图书馆设施使用面积为300平方米，年入藏新书不少于1000种，订购报刊100种，少儿图书室不少于80平方米。电子阅览室（东方社区信息苑）设施使用面积为200平方米，配置电脑50台左右，宽带接入，可实现远程流媒体互动的电脑配置系统。文艺活动设施（团队活动室）使用面积为400平方米，专用活动室可以与社区学校培训共用，配有相应的设备用具。休闲娱乐设施使用面积为500平方米，配置相应的器材设备，其中要专门配备适合老年人和少年儿童的活动内容与项目。体育健身设施使用面积为600平方米，配置各种可供社区居民健身锻炼的器材与设施，健身房一般不少于30件器械。展示展览设施使用面积为300平方米，配置各种陈列设备、活动展板以及其他展示材料。党员活动设施使用面积为50平方米，按市委组织部统一配置设备。多功能厅设施使用面积为500平方米，座席在200席以上。配置灯光、音响、大屏幕、投影机、活动桌椅等设备。社区教育设施使用面积为400平方米，每个教室可容纳40人左右，有条件的教室还可配置多媒体放映设备。这种较为规范的资源配置标准，为社区公共文化服务事业提供了可靠的保障，同时也为社区民众更好地享受公共文化服务的成果创造了良好的条件。

案例：山东省青岛市重视文化设施网络化和功能化

截至目前，山东省青岛市开发区社区文化活动场所的覆盖率已经达到100%，区、街道、居委三级基层文化阵地网络建设得到优化和完善。在开发区中，市民走出家门步行10分钟，必能找到一处文化活动场所。全区6个街道办事处，都建有高标准街道文化中心，全区90%以上的社区建有或在建文化活动中心，图书室、健身房、棋牌室、舞蹈室等各种功能齐全。社区群众每天都在这里娱乐、健身，幸福文化的力量正"润物细无声"般地融入社会生活的方方面面，惠及百姓生活。

（二）文化馆（站）

各地群众艺术馆、文化馆（站），承担着对社区公共文化服务的指导、引导、支持的职能，包括对社区公共文化建设中的专兼职人员培训、文化艺术创作辅导、社区文化活动的策划和组织以及社区非物质文化遗产保护工作的指导等。文化馆在为社区公共文化服务方面的具体职能如下。

1. 免费开放活动阵地，满足社区居民文化需求

群众艺术馆与各个文化馆一般都具有较为宽敞的场地，在社区公共文化服务建设中承担着为社区各种文化活动的开展提供活动阵地的重要责任。通过与社区建立共享共建关系的方式，文化馆可以向社区民众提供各种文化活动的场所，使社区文化的发展具有更加广阔的天地。

2. 积极发挥业务指导作用，开展各种形式的社区教育培训

为社区群众提供文化艺术教育培训是文化馆的基本职能，也是公益性文化馆社会服务效能的重要体现。群艺馆、文化馆是专业化的群众文化事业单位，具有较为充足的业务力量与人才资源，它们可以在为社区提高业务水平、培养专业人才方面起到重要作用。通过对社区文化艺术工作人员的教育培训与业务指导，文化馆能够为各个社区培养更多的专业人才，对社区文化的建设发展起到重要的推动与促进作用。

3. 深入基层开展辅导，多方实现文化派送

深入基层社区开展辅导，将一些优秀的文艺创作派送到各个社区，也是文化馆促进社区公共文化服务体系建设、提升社区文化服务功能的一个重要方面。通过深入社区开展辅导、派送节目的方式，可以更好地满足社区民众文化消费的需求，让社区民众得到更多的文化艺术享受与精神文化食粮。当前，我国许多群众艺术馆和文化馆已经在这些方面进行了大量的实践。

案例：上海市杨浦区文化馆为社区文化建设提供全方位支持

上海市杨浦区文化馆近年来始终坚持为社区文化建设服务的宗旨，努力为当地的社区居民提供活动场所和阵地服务，免费开放了群星剧场、蔚然展厅、非物质文化陈列室、艺术培训中心、艺术沙龙、电子阅览室等多个活动阵地，做到艺术沙龙天天有活动，群星剧场月月有演出，非物质文化陈列厅、蔚然展厅月月有展览，满足了社区群众不同的文化需求。2008年3月至今，该文化馆已有60余万人次参加活动。尤其是该文化馆为扶植社区文艺骨干而创建的文艺沙龙，以其良好的硬件设施和完善的服务功能，吸引了全区 12 个街道与社区的业余文艺团队竞相来馆参加活动。经过统一安排，京剧队、沪剧队、越剧队、时装队、舞蹈队、文学沙龙、故事协会、摄影沙龙等各种社区文艺团队轮番在文化馆内开展艺术沙龙活动，大大提升了社区文艺团队活动的艺术水准，充分满足了社区文化团队的活动需求。

除了免费开放场馆、积极扶持社区文化团队以外，上海市杨浦区文化馆近年来还努力为当地的社区居民开办各种艺术培训工作。2005 年至今，杨浦区文化馆每年要为各个社区开设教学科目 30 余项，参加培训约 4 万人次，取得了良好的社会效益。杨浦区文化馆的业务骨干们还经常深入社区开展各种形式的辅导活动，认真履行专业指导功能，在社区文化活动中心文化工作业务的开展上给予认真到位的指导，帮助基层提升文化工作水平。除此之外，杨浦区文化馆的专业干部还经常根据社区文化活动中心的需求，花大力气开展业务培训，定期、定点、定任务、定工作量地下社区、居委会进行艺术辅导。通过辅导，一方面抓好社区群众文化骨干、社区文化指导员、志愿者、文艺团队等群众文化队伍的建设；另一方面帮助有参与文化活动愿望的社区居民掌握和提高艺术技能，使他们内在的参与欲望转化为实际的参与能力，并且帮助筛选出优秀的作品和节目，使之逐步走进社区系统化活动的更大的空间和舞台。近年来，杨浦区文化馆还按照区文化局的工作部署，专门成立了社区资源配送中心，整合专业院团文艺节目和专业人才为社区提供服务，为专业院团服务社区提供演出舞台，让社区居民在家门口便可享受到丰盛的文艺大餐。

(三)社区文化室

社区文化室是建立于城市居委会基础之上的、最基层的社区公共文化载体，也是深深扎根社区、服务社区的专业性社区公共文化服务组织。社区文化室全面负责社区文化艺术创作、社区文化活动策划编排、社区群众文艺团队培育和扶持等各项具体工作。

社区文化室是繁荣社区文化的重要公益性群众文化设施，其服务对象主要是以社区居民为主体的社区所有成员。社区文化室的房屋、设施和负责人一般都由居委会承担，大型活动经费主要从居委会工作经费和城市建设专项资金中按比例支出，小型日常活动资金则主要依靠自筹。社区中的一些共建单位，大多愿意为社区文化室及其活动提供支持和赞助。区、街文化主管部门通过定级、评比、表彰等手段，以奖代补对文化室给予一定的经济支持。

虽然社区文化室处于最基层，但是它在实现社区公共文化的教育功能与服务功能上却具有举足轻重的作用。社区文化室以社区为根基，面向基层，服务群众，是社区文化建设的基础和群众文化活动的根据地，同时也是社区居民家门口的文化乐园。通过举办形式多样、内容丰富、健康有益的文化娱乐和体育健身活动，社区文化室可以成为联系社区广大居民的桥梁和纽带，为满足社区居民日益增长的文化需求、提高社区居民的生活品质提供各种有利条件。社区文化室也是传播先进文化的主要阵地之一，它处在公共文化建设与公共文化服务的最前沿，是整个基层群众文化组织网络中的重要一环。通过社区文化室所组织的各种活动，可以在社区居民中更好地宣传党的方针政策，传播先进文化思想，引导群众逐步形成科学文明、健康向上的生活方式。

【本章小结】

本章详细介绍了社区文化的基本概念、内容构成、主要特点以及影响社区文化发展的各个要素；具体阐述了社区文化活动的内容形式、组织机构、活动特点以及活动管理方式；明确提出了社区文化建设的目标与任务，以及社区文化建设在维护社会和谐稳定、推进社会文明风尚、促进社区团结、维护社区秩序等方面的意义；深入论证了社区公共文化服务的内涵与外延、特点与要求、社区公共文化服务与公共文化服务体系建设之间的密切关系，以及社区公共文化服务体系在促进人的全面发展与构建社会主义和谐社会方面的重要作用，并对社区公共文化服务体系所具有的公益性、基本性、均等性、便利性、丰富性特点，以及社区公共文化服务体系的内容分类与主要载体等方面作了较为详细的介绍。

【思考题】

1. 社区文化主要有哪些内容？其主要特点是什么？

2. 社区文化建设对于社会发展与社区建设有何重要意义？

3. 什么是社区公共文化服务？社区公共文化服务与公共文化服务体系建设有何关系？

4. 社区公共文化服务的内涵和外延是什么？有什么特点和要求？

5. 结合实例，谈谈我国社区公共文化服务的均衡性和便利性。

【推荐阅读】

1. 谢晶仁. 社区文化建设新论[M]. 北京：中央文献出版社，2007.

2. 李景源，陈威. 中国公共文化服务发展报告[M]. 北京：社会科学文献出版社，2009.

【参考文献】

1. 高占祥. 论社区文化[M]. 北京：文化艺术出版社，1994.

2. 黄立营. 城市社区文化建设论纲[M]. 北京：中国矿业大学出版社，2005.

3. 谢晶仁. 社区文化建设新论[M]. 北京：中央文献出版社，2007.

4. 袁德. 社区文化论[M]. 北京：中国社会出版社，2010.

5. 叶辛，蒯大申. 上海文化发展报告(2008)共建共享和谐社区文化[M]. 北京：社会科学文献出版社，2008.

第二章　社区公共文化服务的主要任务

【目标与任务】

了解社区公共文化服务的各项主要任务，理解和掌握需求调查的重要性与具体方法；能够在实践中运用社区公共文化资源供给的原理和方法。

社区公共服务鲜明地体现着"中国特色"，承载着社会主义核心价值体系建设的重要任务，体现着党和政府的价值追求，是建设和传播主流意识形态的重要载体，是增进基层群众文化认同、政治认同、国家认同和民族认同的重要抓手，是加强我国社会主义基层文化建设和推进社会教化的重要渠道。

社区公共文化服务的基本任务是通过开展形式多样、内容生动、社区群众喜闻乐见的文化服务，维护好和实现好社区群众基本文化权益、满足社区群众基本文化需求。在实际操作层面，社区公共文化服务有两方面具体任务：一是紧密结合社区群众的基本文化需求，组织好社区公共文化产品的生产；二是紧密结合社区群众接受文化服务的特点，采取合适的途径和方式向社区群众提供公共文化产品与服务。

社区公共文化服务的特殊性在于：服务的对象是有思想、有追求、有创造才能、有鉴赏能力的广大社区群众。因而，社区公共文化服务除了需要体现公共文化服务体系的公益性、基本性、均衡性、便利性之外，还需要鲜明地体现出引导性、参与性和创造性特征。根据这些特点，做好社区公共文化服务的基本要求可以用四句话来概括：知群众之所需，供群众之所求，助群众之所创，展群众之所能。

第一节　社区群众基本文化需求调查研究

社区公共文化服务是为满足社区群众基本文化需求而开展的服务。为了提高社区公共文化产品和服务的准确性与有效性，需要经常性地对社区群众基本文化需求进行调查研究，做到"知群众之所需"。为此，各级文化馆、图书馆、社区文化活动中心等各类与社区公共文化服务直接相关的主体，需要就社区群众基本文化需求进行调研，建立队伍，完善制度，把这项工作摆在整个社区公共文化服务的重要位置，形成需求导向、按需供给的社区公共文化服务新机制。

一、因地制宜选择调研方式

面向社区群众开展基本文化需求的调查研究，可灵活采用以下三种调研方式。

(一)实地调研

实地调研是指调研者深入社区场地设施和群众之中，实地了解群众的实际需求。实地调研主要包括三方面内容。

1. 场地设施调研

具体掌握社区有哪些适合从事或举办各种类型公共文化服务的硬件设施，包括室外活动广场、室内活动场地、相关设备等。

2. 行为习惯观察

具体掌握社区群众习惯于什么时间在什么场地从事什么文化活动。例如，在阅览室经常阅读什么主题的书籍，在社区活动室或广场比较喜欢参与哪类活动，在社区电子阅览室比较喜欢到哪些网站浏览网页，社区群众自发建立的文艺团队喜欢举办哪些活动，双休日与工作日社区群众的行为变化等。

3. 特色文化资源调研

具体梳理和掌握可供社区公共文化服务开发、培育和利用的各种文化资源。例如，社区有哪些珍贵的历史文化资源和特色民间民俗文化资源，有哪些文艺名人和具有艺术特长的人才，哪些艺术人才乐意为社区群众提供服务，有哪些社区文艺团队，哪些社区文艺团队经常活动并得到群众欢迎等。

(二)问卷调研

问卷调研是指调研者采用向社区群众发放明了易懂、操作简便的问卷形式了解社区群众的文化需求意向。问卷调研要注重两个工作环节。

1. 精心设计调研问卷

问卷的形式要简洁清楚，问题的表述要贴近社区群众的思维习惯，内容易懂易答。

2. 兼顾人群结构发放问卷

为了更准确地反映大多数社区群众的文化需求意愿，问卷的发放要兼顾社区人群的年龄、性别、职业、学历等结构要素，达到既从总体上把握社区群众的一般需求，又能了解社区不同群体意愿的目的。

(三)召开座谈会

召开座谈会是指调研者采用与社区基层群众座谈的形式面对面地诚恳征询社区群众的意见和建议。为了使座谈会达到预期效果，要做好相关准备工作。

1. 精心设计座谈会的主题

要求调研者在初步了解社区公共文化服务基本情况的基础上，确定好座谈会要进一步了解的问题，然后围绕主题邀请有代表性的社区群众参加，尽可能提高座谈会的效率。

2. 做好意见收集整理工作

对于座谈会上各种意见都要虚心听取、做好记录、认真整理，特别是社区群众比较集中的意见、比较强烈的要求，记载要完整、具体，以便在工作部署中及时地予以回应。

3. 注重营造和谐的座谈氛围

调研者在座谈会上始终都要保持谦虚的作风、平和的心态，既要适当引导社区群众围绕座谈主题畅所欲言，又要适度宽容社区群众可能产生的情绪化表达，真正把座谈作为社区公共文化服务的一种方式或一项内容，这样才能得到社区群众关于公共文化的真实意见和建议。

二、深入分析调研材料

对于在社区调研中取得的第一手材料，要进行科学分析，去粗取精、去伪存真、由此及彼、由表及里，发现社区公共文化建设过程中存在的问题，找出特点和规律。深入分析调研材料，可运用以下三种方法。

(一)类型归纳法

社区公共文化需求调研中的类型归纳法是指对调研所得材料按年龄、

性别、职业、学历、民族、兴趣爱好等进行分类，提炼和归纳出社区不同人群的文化需求特点。类型归纳法可以帮助调研者清晰了解社区群众文化需求的基本构成，有利于指导社区公共文化产品生产和服务供给的结构性安排，提高服务的针对性和效率。

(二)数据统计法

社区公共文化需求调研中的数据统计法是指对调研所得材料进行数据统计，得出关于社区群众文化需求内容、方式、渠道、载体、时间安排等方面的有关分类和概率。数据统计法可以帮助调研者更具体、更细致地了解社区群众的文化生活习惯，有利于贴近社区群众文化生活习惯，不断改进公共文化服务方式。

(三)比较鉴别法

社区公共文化需求调研中的比较鉴别法是指对调研材料反映出的不同情况进行比较鉴别分析，从中提炼出社区群众的真实意愿和实际需求。比较鉴别法可以帮助调研者正确区别社区群众的基本文化需求与非基本文化需求，正确区别比较有代表性的意见与个别群众的个性化诉求，有助于在公共文化服务过程中找准方向、突出重点。

三、按需确定社区基本文化服务的内容与方式

全面深入地了解社区群众对公共文化产品和服务的真实需求之后，就要"以需求为导向"，及时运用调研成果指导社区公共文化服务各项工作，特别是要按需确定社区基本文化服务的内容与方式。

(一)认真提炼社区基本文化服务的内容

社区基本文化服务内容的提炼有两个基本依据：一是依据国家公共文化服务体系建设关于保障人民群众基本文化权益和满足人民群众基本文化需求的宏观指导意见，从宏观角度确定现阶段社区基本文化服务的一般内容。按照我国经济社会发展的阶段性特点，现阶段社区公共文化服务的主要内容是读书、阅报、听广播、看电视、从事公共艺术鉴赏、参与公共文化活动等。二是依据社区群众文化需求的调研结果，在遵循国家公共文化服务体系建设要求的基础上，紧密结合本社区文化建设特点和本社区群众基本文化服务的实际需求，因地制宜地进行本社区基本文化服务的内容提炼和概括。

(二)精心安排社区基本文化服务项目

面向社区群众的基本文化服务需要具体落实在社区阅览、社区文化信息服务、社区艺术鉴赏、社区艺术教育、社区文化节庆活动、社区群众文化活动等服务项目上。安排好社区群众喜闻乐见的基本文化服务项目，是社区公共文化服务的工作重点。在这方面，要注重发挥社区文化需求调研成果的作用，以需求为导向，使社区文化服务项目与社区群众最迫切的文化需求紧密对接。

(三)合理选择社区基本文化服务方式

社区基本文化服务方式包括：依托社区文化活动室、图书阅览室、社区综合培训教室、公共电子阅览室等固定场地设施提供的常规服务；依托社区广场开展的广场文化活动；为社区群众提供的文化艺术展览展示展演服务；文化艺术创作的示范、观摩和互动服务；为提升社区群众素质和能力举办的社区培训服务；社区文化节庆活动服务；社区志愿者服务等。各社区可结合自身社区文化资源特点、文化艺术特色和社区群众的特长爱好，选择积极健康、参与性强的基本文化服务方式。

第二节　社区公共文化资源供给

随着我国公共文化服务体系建设的快速推进，特别是基层公共文化服务"硬件"设施建设进程的加快，社区公共文化服务的"软件"建设逐步成为现阶段发展重点，特别是加强社区基层公共文化资源供给的要求显得尤为迫切，某种意义上成为社区基层提升公共文化服务能力的关键。《中华人民共和国国民经济和社会发展第十二个五年规划纲要》在"大力发展文化事业"一节中明确强调，要"完善城市社区文化设施，促进基层文化资源整合和综合利用。广泛开展群众性文化活动"。加强社区公共文化资源供给，已经纳入当前和今后一段时期内公共文化服务体系建设的重点范围。

社区公共文化资源供给是整个社区公共文化服务的关键环节。完善面向社区的丰富高效的公共文化资源供给，是切实解决基层公共文化服务体系建设面临的突出矛盾和问题的重要抓手。社区公共文化服务从结构上看，大致可以分为五个重要环节，即社区公共文化服务设施建设和运行，社区公共文化资源的生产供给，社区公共文化服务的组织保障和队伍建设，社区公共文化服务的制度建设，社区公共文化服务运行的绩效评估。这五个环节之间是相互依存、相互衔接、相互带动的关系，其中，公共文化资源供给是当前社区公共文化服务的薄弱环节。

就社区公共文化服务现阶段建设运行情况看，公共文化资源供给环节在一定程度上显得相对滞后。进入"十二五"以来，随着社区公共文化服务设施建设问题的初步缓解，社区公共文化产品和服务生产供给的问题逐渐凸显出来，上升为当前社区公共文化服务所要解决的突出矛盾和问题。特别是在经济社会发展水平较高、公共文化设施建设推进较快的东部地区，大量新建社区公共文化设施规模大、功能全、设备新，相比较而言，内容就显得相对贫乏，与设施建设水准不相匹配，与基层群众希望通过设施改善同步得到满足的基本文化需要不相适应。

社区公共文化设施如果没有丰富的公共文化产品和服务来支撑，必然走向"空关"、"挪用"、"出租"。因而，公共文化资源供给不足问题是许多社区公共文化设施"空关"、"挪用"和"出租"的症结所在，是导致基层公益性文化设施目标不明、定位不准、运行不畅、机制不顺的关键因素，是引发基层群众不满情绪的深层次原因，也是管好用好社区公共文化设施、提升整个社区公共文化服务运行效率的关键环节。从这个意义上说，加强社区公共文化资源供给，正是当前社区公共文化服务建设迫切需要解决的核心问题。

一、社区公共文化资源概述

(一)社区公共文化资源的性质

社区公共文化资源是指按照公共文化服务体系建设的总体要求，以社区群众基本文化需求为导向，在政府主导下，在社区组织积极支持和参与下，面向社区群众组织生产、提供的文化产品和服务资源。社区公共文化资源的基本性质主要表现为公益性和基本性。公益性是指这些资源出于公益目的以免费或优惠的方式面向全体社区群众提供；基本性是指这些资源主要用于满足社区群众基本的文化需求，有效改善和提升社区群众的文化生活质量。

(二)社区公共文化资源的范围和品种

1. 社区公共文化资源的范围

社区公共文化资源的范围是由社区群众基本文化需求的内容、政府面向社区的公共文化服务保障水平，以及社区提供基本文化服务的能力决定的。现阶段，社区公共文化资源的范围主要围绕满足社区群众读书、阅报、听广播、看电视、从事公共艺术鉴赏、参与公共文化活动的需求来确定。

2. 社区公共文化资源的品种

社区公共文化资源的品种主要包括：图书报刊资源；文化信息资源，文化艺术指导资源，表演艺术资源，艺术鉴赏资源，文化活动资源，民族民间文化资源，群众文化活动资源，可纳入社区公共文化服务范畴的其他资源。社区公共文化资源的品种会随着经济社会发展及科学技术发展而发生变化。例如，随着网络数字技术的发展与应用，公共数字文化信息资源越来越成为服务社区群众的重要文化资源。

(三)社区公共文化资源的主要来源

1. 以公益性文化事业机构为主供给

各级政府举办的文化馆(站)、图书馆、博物馆、美术馆等公益性文化事业机构是公共文化资源供给的主力军，面向全社会加强公共文化资源供给也是这些机构的基本任务。依托这些机构所拥有的公益性文化资源，发挥好这些机构的资源支持能力和社会服务能力，可以对社区群众提供终端服务或延伸服务。例如，各级文化馆(站)可以利用自身的组织、人才资源，加强对社区的文化艺术指导和培训支持，帮助社区开展文化艺术活动；各地图书馆系统可以采用总分馆、中心或分支等方式，帮助社区图书馆、阅览室的建设运行；各地博物馆或非物质文化遗产保护机构，可以积极整合和利用优秀民族民间文化艺术资源向社区群众提供。

此外，政府举办或支持的工人文化宫、青少年宫、妇女儿童活动中心、科技馆、学生校外教育实践基地等，也具有公益性文化事业机构的基本性质，也应结合自身特点，通过各自渠道，灵活采取免费或优惠的方式，帮助社区开展公共文化服务活动。例如，工人文化宫可以利用自身的就业、技术培训、工人业余活动等资源，支持社区开展就业培训、外来务工人员技术培训等。

2. 国有或集体文化企业参与供给

各类国有或集体性质的文艺院团、文化艺术机构拥有大量的文化艺术资源，是面向社区开展公共文化资源供给的重要力量。在政府的指导和支持下，推动这些机构利用自身所拥有的文化艺术资源，为社区提供文化艺术服务，具有双重意义：一是可以大大丰富社区文化艺术资源的来源，大大提高社区文化艺术指导的专业能力，使社区文化艺术直接获益；二是前一阶段文化体制改革过程中，众多国有或集体文化单位特别是文艺院团走向了市场，转制成了企业，其中有一部分的确在新的市场环境中生存困难，但这些机构并没有完全失去其存在价值，面向社区开展文化艺术服务客观上为这部分文化企业改善生存环境创造了新的条件、打开了创双赢的发展空间。

3. 政府公开采购社区所需的公共文化资源

政府结合社区群众的基本文化需求，面向社会和市场公开采购各种文化艺术资源，以此保障和丰富社区公共文化资源供给。同时，政府可以运用公共采购手段，引导一批社会或市场的文化艺术机构成为具有专业特点的公共文化资源供给主体，又可以利用竞争机制促进各类文化艺术机构转变发展方式、改进内部管理、激活发展潜力，还可以加快相关社会专业组织发育、促进社会繁荣发展。

4. 社区自身积累的文化资源

在社区文化长期建设发展过程中，各社区不断丰富自身积累，事实上已形成本社区群众喜闻乐见的特色文化产品和服务，这也是社区公共文化资源的重要来源。社区特色的文化资源，是在与社区群众基本文化需求相适应的过程中逐步积累起来的，也是社区群众认同度、接受度、参与度较高的资源，要充分利用好这些资源的服务功用，使之成为社区公共文化服务资源供给的重要组成部分。

二、社区公共文化资源供给主体

(一)组织指导、管理和配置主体

公共文化服务，从根本上说是政府的分内事。各地政府是当地公共文化服务体系建设的主要责任人，在当地社区公共文化服务建设中承担主导责任，因而是社区公共文化资源最重要的组织和配置主体。与此相对应，直接履行各级政府公共文化服务职能的文化行政主管部门，应当全面负责社区公共文化资源生产供给的组织指导和重要的资源配置。

政府作为公共文化资源最重要的组织和配置主体主要表现在五个层面。

1. 政府的直接供给

政府的直接供给主要指理论上政府可以通过自身机构，直接向社区群众提供与社区公共文化资源供给相关的各类行政服务，在特定情况下可以直接安排面向社区的公共文化产品生产和服务供给。但是在实践中或一般情况下，政府不直接从事社区公共文化资源供给的具体事务，而是将这些事务委托给相关机构。

2. 政府的宏观指导

政府的宏观指导主要指政府运用政策、规划、布局等体制性手段对面向全社会的社区公共文化资源的生产供给履行宏观指导职能。政策、规划、布局之所以被称为体制性手段，一方面是因为这些手段一般明确阐述了一定时间内政府工作的指导思想、目标原则、战略重点等；另一方面，这些手段具有对各类社会或市场主体的引导性、指导性、规范性和制约性。

在我国公共文化服务体系建设的全过程中，面向社区的公共文化资源供给的突出特点是以社会主义核心价值体系为内核，把满足社区群众基本文化需求与引导社区公共文化健康发展有机统一起来，体现社会教化与社区服务并重，这就必须形成对社区公共文化资源的内容、品种、结构的合理布局。通过政府的宏观指导和规划布局，努力使党的意志、政府的主导作用、人民群众的意愿、公益性文化事业单位的职能、社会力量参与方式和途径，均能在社区基层公共文化服务层面得到充分表达和科学安排。

3. 政府的统筹协调

政府的统筹协调功能从宏观层面看，主要指各级政府必须兼顾部门、系统、区域、城乡、民族等因素，分别在国家、省市、县、乡镇、村（居委）各层面追求公共文化资源生产供给的均衡性，追求全国基本公共文化服务的均等化。在社区层面，社区公共文化资源供给也要追求社区与社区之间的均衡性，追求各社区群众所获得的基本文化服务相对均等，这就需要落实政府对全社会社区公共文化产品和服务生产供给的主导体制，逐步加大统筹和协调力度，改变社区公共文化资源分置、局部分割、力量分散的生产供给格局，消除行政化资源配置的盲区，逐步形成全社会社区公共文化资源共建共享的管理体制和运行机制。

4. 政府的运行管理

为了提高社区公共文化服务资源供给的长期性和稳定性，逐步培育一批专业化、规模化社区公共文化资源供给主体，合理引导社会力量参与社区公共文化资源供给，政府有必要在微观层面采取资质认定、政府采购、订单管理、绩效评估等必要的资源建设、管理和运行机制，指导和规范全社会社区公共文化服务资源建设，推动社区公共文化资源生产供给各项具体工作有条不紊地开展。

5. 政府的意见征询

政府在指导、管理和评估过程中，必须高度重视社区群众意见和建议征询。社区公共文化服务涉及社区基层群众的切身利益，社区群众对本社区公共文化建设和发展最有发言权，可随时提出意见和建议。社区内人大代表、政协委员、知名人士、文化专家等的意见和建议具有一定的权威性、代表性和专业性，也应予以足够重视并充分征询。

(二)生产主体

政府举办的文化馆(站)、图书馆、博物馆、美术馆等各类公益性文化事业机构是社区公共文化资源生产供给的骨干主体。社区公共文化资源供给要把握好核心依托、建设好基本队伍。在现阶段，仍然要坚持"以公益性文化事业单位为主，以各种社会力量参与为辅"，原因主要有三点：一是现阶段各种可以参与社区公共文化资源供给的社会力量还处于起步阶段，尚未形成稳定的队伍和规模；二是社区公共文化资源供给，必然带有一定的主流价值追求，所供给的内容资源必须鲜明地体现社会主流价值，这就要求供给主体必须是社会核心价值体系十分可靠的载体；三是从现实情况看，公共文化资源主要存在于各类公益性文化事业机构中，社区公共文化资源的生产仍然需要发挥这些机构的主力军作用。

在各类公益性文化事业机构中，文化馆和图书馆是社区公共文化资源生产供给的主力军，文化馆和图书馆属于定位准确、功能明确的公共文化资源生产供给骨干主体。各地文化馆和图书馆要按照当地社区公共文化资源生产供给的总体要求和部署，紧密结合当地社区公共文化需求特点，转变观念、明确责任、积极作为、优化服务。

但是也应当看到，坚持以公益性事业单位为主的社区公共文化资源生产供给安排，并不排斥任何社会力量的积极参与，并不阻碍引导社会力量逐步成长为合格的供给主体，并不意味着现有公益性文化事业机构的垄断地位，也并不会形成各种社会力量进入社区公共文化服务资源供给领域的门槛。从社会公平原则出发，"社区公共文化资源生产供给主体"这个新名称，已不再是陈旧体制下文化事业单位的"标签"，而必须根据相应机构所履行的职责、生产供给的实绩来判断和确认。在制度建设和管理操作上，各级政府文化行政主管部门也会逐步对各类参与社区公共文化资源供给的主体形成公开、明确的要求，及时采用公开、公平、公正的竞争机制来引导和调控，通过运行监督和绩效评估来"优胜劣汰"。

1. 文化馆

文化馆要面向社区全面发挥文艺创作、基层指导、队伍建设、人才培育、活动组织、技艺传承、项目研发、推介传播、力量整合、资源推送、平台建设等方面的重要作用。在当前贯彻落实中央关于"推动社会主义文化大发展大繁荣"一系列指示精神的过程中，文化馆更要发挥好在基层文化建设、基层公共文化产品生产供给中的主渠道作用，更要发挥好区域性组织指导功能、面向基层的综合服务功能、集聚和整合使用各种文化资源的功能等。

2. 图书馆

图书馆要通过中心图书馆建设、"总分馆制"、社区乡村阅读终端建设，逐步形成面向社区的生产供给或资源支持网络，在满足社区群众读书、阅报、电子阅览等需求方面发挥突出作用。

3. 其他公益性文化事业机构

政府举办的博物馆、美术馆，政府举办或支持的工人文化宫、青少年宫、妇女儿童活动中心、科技馆、学生校外教育实践基地等，是社区公共文化资源生产供给的重要组成部分，也应结合各自特点，确立在社区公共文化资源供给体系中的基本定位、特定功能、具体职能和服务方式，逐步纳入社区公共文化资源供给"政府主导"的基本框架。

4. 文艺院团和文化企业

各类文艺院团和文化企业是社区公共文化资源生产供给的重要力量，要运用各自拥有的优质文化艺术资源，贴近社区群众的基本文化需求开展有利于陶冶情操、愉悦身心、寓教于乐的文艺创作生产，推出更多社区群众爱看、爱听的文学、戏剧、电影、电视、音乐、舞蹈、美术、摄影、书法、曲艺、杂技以及民间文艺、群众文艺等各领域的优秀文艺作品。

5. 社区群众文艺队伍

社区自办的各类群众文化队伍、社区内部的文艺骨干是扎根社区、活跃在群众身边的生产主体，这类主体兼有生产者、接受者和服务者多重属性，是社区公共文化产品和服务生产供给的重要组成部分，各地政府文化行政管理部门、文化馆（站）要高度重视培育和提升社区自身公共文化资源的生产供给能力。

6. 其他社会力量

近年来，以提供社会文化服务资源为主营业务或专业化从事社区文化服务的社会组织或企业，在一些中心城市成长比较迅速，例如上海市的"华爱社区文化服务有限公司"，已经初步形成专业化、规模化、连锁化发展的态势。这类组织一旦成熟，对社区公共文化服务组织体系将起到重要的补充作用，对面向社区的公共文化资源供给形成正面的促进作用。但从总体上看，社会力量在社区公共文化服务领域的能力和影响力仍然较弱，在现阶段仍然缺乏能够全面承担起社区公共文化资源供给重任的合格社会组织。当前，对有意从事社区公共文化资源供给的社会力量进行大力引导、培育和扶持仍是矛盾的主要方面，这些培育和扶持不仅限于具体业务辅导，更重要的是坚持社会主义核心价值体系的素质教育以及专业知识和技能方面的培育。

(三)提供主体

1. 社区文化室(或社区文化活动中心)

社区文化室是由政府主办的，以街道（乡镇）为依托，以现代信息技术为支撑，以满足社区居民基本文化需求为目标，以多功能公益性文化设施开展社区基层文化建设的社会组织机构，是公共文化服务体系建设的重要组成部分。

社区文化室向社区全体居民开放，包括流动人员、外籍人士和在社区内学习工作的人群，对社区的老年人、未成年人和困难群众给予适当优待和便利服务。社区文化室按社区居民需求安排开放时间，每周不少于 56 小时，节假日保证正常开放。社区文化室为社区居民提供书报阅览、市民讲座、党员学习、社区教育、工会活动、展示展览、团队活动、少儿关爱、普法科普、娱乐健身、数字影视观赏、公共信息查询、公共电子阅览等免费服务。社区文化室要建立健全社区群众自我管理、自我服务的新机制、新制度，重视社区专兼职公共文化服务队伍、社区文化志愿者队伍建设，不断提升自我提供文化服务的能力。

　　社区文化室须设立醒目告示，使社区居民了解开放时间、服务内容、服务规范、收费项目和标准及相关规章制度，社区文化室工作人员须佩戴标识、文明服务。社区文化室的各项服务均不得以盈利为目的，部分服务项目确须收取成本费用，须经有关部门核定标准并向社区居民公示。

案例：美国洛杉矶蒙特利公园市社区文化活动中心概况①

　　蒙特利公园市有一个建筑面积达4000平方米的社区服务中心，以开展文化活动为主，所以，可以把它理解为社区文化中心。这个中心的活动非常丰富。它的阅览室和社区图书馆是有明显区别的，主要以报纸、杂志为主，信息量大而快，社区里的人每天可以在这里看到大量的、及时的各种信息。中心有许多活动室：有中国人喜欢的乒乓球室，有日本人喜欢的插花和手工室，由西班牙人喜欢的工艺品室，有美国人喜欢的桥牌室……在文艺活动室门前，可以看到各种文艺组织的牌匾："万年青合唱团周三下午1:30至3:00"，"剧社周五上午9:00至11:00"，"中国国剧团周二下午2:00至4:00"，"舞蹈团周三上午10:00至12:00"，等等，活动安排得非常丰富。我们在文艺活动时意外地看到"欢迎中国西部歌王王洛宾先生前来指导"的大标语。主人告诉我们，几年前王洛宾老先生来这个中心参加活动，并辅导中心的"万年青合唱团"排练。他们的"万年青合唱团"主要由老年人组成，在洛杉矶乃至全美国都有点儿名气。合唱团成员们表示非常希望能到中国内地演出和进行交流。

　　我们访问了中心负责人路易斯大妈。路易斯大妈原来是一个学校的教授，退休后被市政府聘到这里工作。她告诉我们，在这个中心里，只有她和另外一个人士拿薪水，薪水非常低，每周20美元，只是象征性的，其他

　　① 叶南客. 都市社会的微观再造——中外城市社会比较新论[M]. 南京：东南大学出版社，2003：170-172.

近20个工作人员都是尽义务的。坐在路易斯对面办公的一个老年妇女，原是市政府的会计，刚退休，在这个中心管理财务，分文不取。路易斯大妈给了我们一份详细的中心1999年度的各种情况统计表。封面是为这个社区19岁的青年开"PARTY"的请柬，里面有这个社区各种文艺组织成员名单。看到后面的统计数字又令我们大吃一惊：这个活动中心1999年参加活动的人数竟达342964人次……

这个社区文化中心的活动全部是免费的，而且还经常有企业家和慈善机构来为社区的公民义务身体检查或打各种预防针……

我们的第二个问题是：社区图书馆和文化中心的所有活动都是免费的，那么日常活动和办公经费怎么维持？可不可以收一些费用……他们的回答是：凡属政府系统开办的公共文化设施内的任何活动，都不能收费，这是原则问题。因为政府花的是纳税人的钱，是为纳税人服务的，政府所属的任何部门另外收取任何费用都是违法的。社区的图书馆和文化中心是用纳税人的钱建起来的公共设施，必须义务为社区的纳税人服务。至于日常办公经费和活动经费，主要由政府投入。社区内的许多企业都为社区服务中心捐款或提供赞助，这种捐款和赞助使企业得到了好名声，在社区树立了良好的公众形象，对企业发展很有好处。另外，有很多人自愿来图书馆和文化中心做义工，是不收取任何报酬的。社区成员的社区工作参与感在美国人心中比较强，他们认为，社区成员为所在社区作贡献是理所当然的。

2. 群众艺术馆和文化馆（站）

在各类公益性文化设施中，各地群众艺术馆和文化馆（站）具有更鲜明的"中国特色"，更贴近社区基层群众多样化的文化需求，更突出地承载着社会主义核心价值体系建设要求，更充分地体现出党和政府的价值追求，是建设和传播主流意识形态的重要渠道，是增进社区基层群众的文化认同、政治认同、国家认同和民族认同的重要抓手，是维护和实现人民群众基本文化权益、满足人民群众基本文化需求、加强我国社会主义基层文化建设和推行社会教化的主渠道。

各地群众艺术馆和文化馆（站）担负着指导、帮助和支持当地社区公共文化建设运行的重要责任，主要表现在以下五个方面：一是组织指导，帮助社区提高各类文化活动的组织化水平，指导社区开展各类文化活动。二是传承创新，帮助社区开展民族民间文化资源的调查、挖掘、整理、保护、管理和合理利用，提高优秀历史文化资源与社区群众生活的融合度，使之推陈出新、激发活力、融入现实、服务群众。三是基层培训，帮助社区文化队伍建设和能力提升，扶持和培训社区文化艺术骨干，指导社区文艺团队的建设运行，引导和扶持社区群众自创自办、自编自演、自娱自乐活动等。四是创作指导，既要紧密结合社区群众的欣赏口味，创作思想性、艺术性、趣味性、地域性和群众性多元统一的好作品，又要发现和培育社区群众中各种创作人才，因地制宜、因人制宜地加以组织、指导、扶持和提升。五是平台服务，要为社区文化艺术成果提供展览展示服务、为社区群众文艺团队提供交流展演服务、为社区文艺创作编排提供艺术指导服务、为社区优秀群众文化艺术品牌提供交流和推介服务等。

3. 图书馆

各地图书馆担负着指导、帮助和支持当地社区公共文化建设运行的重要责任，主要表现在以下四个方面：一是组织指导，指导社区图书报刊阅览设施建设，帮助社区建立健全借阅服务机制和制度，确保社区阅览服务工作正常开展。二是基层培训，帮助社区培训具有一定专业知识和技能的社区图书阅览服务人员，提高社区阅读服务能力。三是开展活动，帮助社区有针对性地开展生动活泼的社区阅读指导活动或读书节活动。四是资源支持，发挥图书资源中心的功能作用，为社区源源不断地提供图书或数字图书资源支撑。

4. 全国文化信息资源共享工程

全国文化信息资源共享工程是运用数字网络技术、面向全国开展各类文化信息服务、努力实现全国范围内数字文化资源共建共享的公共文化工程。全国文化信息资源共享工程及其在各地的分支机构、联盟机构，对社区公共文化服务的指导和帮助主要表现在以下三个方面：一是组织指导，指导社区开展文化信息服务和公共电子阅览室的建设运行。二是基层培训，帮助社区培训具有一定专业知识和技能的文化信息或公共电子阅览服务人员。三是资源支持，发挥数字文化信息资源中心的功能作用，为社区源源不断地提供各种数字文化信息资源支撑。

5. 街道和居民委员会

城市街道作为一级政府派出机构的行政组织，担负着辖区内公共文化服务体系建设的重要责任，也担负着对辖区内各社区公共文化服务的指导、扶持和监督职责，还担负着为辖区内社区公共文化服务机构、设施建设运行提供组织、制度和资金保障的重要责任。城市居民委员会等组织，作为城市街道下辖的社会自治组织机构，也应配合街道做好支持社区公共文化建设的各项具体工作。

三、社区公共文化资源供给方式

(一)自上而下整合供给

1. 自上而下整合供给的作用

由于长期以来重要的文化事业机构、文艺院团、文化企业及主要的文化资源大多布局在社会的上层，作为社会基层的社区难以直接获得这些资源，因而，在各地公共文化服务体系建设的初级阶段，有必要在政府主导下，对上层丰富的文化艺术资源进行适当整合，结合社区需求特点，进行大规模的自上而下供给。这一方法能有效弥补这一阶段社区文化资源普遍不足的缺陷。

案例：上海市"东方系列"公共文化资源供给系统

从 2003 年起，上海市陆续成立了以上海东方宣传教育服务中心、东方讲坛、东方社区信息苑、东方社区学校指导中心、东方社区文化艺术指导中心、东方永乐农村数字电影院线(以下简称"东方系列")等为骨干的基层公共文化资源供给系统，初步形成了公共文化资源供给主体、方式、渠道及长效机制。

上海东方宣传教育服务中心主要开发、制作、配送围绕社会主义核心价值体系、社会主义意识形态以及文明道德风尚的宣传教育产品和服务，目前已具备根据不同形势和任务，定期制作、配送特定的公共文化产品和服务的能力，向全市各社区和 121 个定点中小学配送资源。2010 年，配送了 1815 场各类演出，受众达 52 万多人次。

东方讲坛是依托中共上海市委宣传部和上海市社会科学界联合会共同主办的。东方讲坛配送各类公益性讲座资源，根据基层需求和选择，提供世情、国情、市情和形势政策与社会热点、人生发展与道德成长、教育与管理、历史文化、经济金融、法律知识、艺术鉴赏、国防知识、健康养身十大类公益性讲座服务。自 2004 年 6 月成立以来，东方讲坛已向举办点输送各类讲座近 14000 场，直接受众约 441 万人次，二次传播受众达 1.97 亿人次。东方讲坛现有基层举办点 335 个，签约讲师 2191 名，已经成为本市覆盖面最广、参与人数最多、规模最大的社会化教育平台。

东方社区学校服务指导中心整合社区教育资源，配送各类课程教育产品。目前，全市社区学校达 220 所、分校（教学点）4539 个，覆盖全市 18 个区县 220 个街镇，其中 90% 的社区学校拥有独立校舍，为居民提供培训、讲座、技能、娱乐四大类、近千门课程。东方社区学校开展"文明观博公益培训"，培训人数超过 170 万人。

东方社区信息苑直接建在社区，采用标准化苑点建设，实施直营连锁管理模式，创造安全、健康、绿色的网络环境，由非营利性组织上海市社区文化服务中心统一管理。2003 年至今已建设运营东方社区信息苑 300 家，东方农村信息点 1697 家，覆盖全市 18 个区县所属街镇及行政村，提供网络信息内容服务和配送，通过线上服务与线下服务相结合，实现互联网公共服务、网上公共文化资源共享接入、高清数字电影播放、多媒体培训等服务功能，年服务总人次超过 1400 万。

东方永乐农村数字电影院线，从 2007 年开始，在全市具有农业功能的区县推进数字电影放映工作，到 2009 年年底实现了数字电影放映工程的全覆盖。坚持"企业经营、市场运作、政府购买、农民受惠"的思路，在连续五年达到国家规定的"一村一月放映一场电影"的基础上，提高到"一村一周放映一场电影"，并实现了数字化放映。据统计，目前全市已建立了农村数字电影放映点 1771 个，其中行政村放映点 1480 个、居委会 291 家、农村数字电影流动放映队 78 个、其他数字电影放映单位 72 家，总放映点数达到 1921 个。

上海东方社区文化艺术指导中心（以下简称指导中心），向基层文化组织和群众文艺团队配送音乐、舞蹈、戏剧、曲艺、美术、书法、摄影七个门类的专业文艺指导员。指导中心还与院团签约，让院团设置专题的艺术课程，以院团的专业人员为师资主体组成团队，以"市民艺术大课堂"的形式对社区居民进行音乐、舞蹈、京剧、越剧、沪剧、滑稽、杂技等艺术知识的辅导、讲解和普及。2010 年实现了对已建的全市 185 家社区文化指导中心派送全覆盖、网上派送全覆盖和市级专业艺术院团全部派出指导员的全覆盖；社区文化指导员对 5403 支业余文艺团队进行了指导，接受辅导的社区群众近 98 万人次。

上海市采用政府采购方式推动公共文化资源生产供给工作，"东方系列"每年由上海市文化发展专项资金投入近 6000 万元。同时，各区县设立专项资金，与市级配送对接，形成资源补充、效益叠加的联动局面。

2. 自上而下整合供给的注意点

自上而下整合供给在实际操作中应当注意避免三个负面作用：一是上层文化艺术资源不一定完全适合社区基层群众的基本文化需求，有可能发生"阳春白雪，曲高和寡"的现象，特别是一些比较高雅的艺术样式，可能并不适宜原封不动地在社区比较简陋的场地展示或演出。因而，来自上层的高层次文化艺术产品、人才也需要结合社区基层的需求进行必要的调整。二是大量的或过多的自上而下"给予"或"派送"，有可能对社区比较朴素的原生态群众文化艺术形成冲击，对社区文化艺术的自我管理、自我发展产生"挤出效应"。因而，来自上层的高层次文化艺术产品和人才，要贴近社区文化建设的内在要求，有效帮助社区改进和提升文化艺术服务能力。三是政府直接采购大量高层次文化艺术产品和服务进社区，所需费用较大，有可能产生公共财力投入较大而服务绩效较低的现象，需要及时对政府投入绩效进行实际评估，并根据评估结果及时调整。

(二)社区之间交互供给

在社区公共文化资源供给的现实情况中，客观上存在着单一社区文化资源的缺乏性与众多社区文化资源总量的丰富性并存现象。这一现象产生的原因在于社区之间相互隔离、各自为政，在于社区文化资源存在互通互用、共建共享的组织壁垒、技术壁垒和资金壁垒。在政府的支持和协调下，打破社区之间资源壁垒，逐步实现社区之间资源交互供给十分必要，可以使单一社区共享众多社区文化资源，以较低成本丰富社区群众的文化生活。

案例：江苏省吴江市以"区域文化联动"方式丰富基层文化生活

江苏省吴江市率先在全国提出"区域文化联动"这个文化活动新理念，即以不同地域广场文艺交流演出为主要形式，以提升参与区域基层社区和农村的公共文化服务能力为直接目的，建立区域文化共建、共创、交流、互动、互惠机制和格局，促进区域文化的共同繁荣发展。主要做法是集聚全社会的力量，运用市场化运作的手段，优化整合全市的特色文化资源，选择基层社区、农村广场文化活动这个最公共、最大众、最基层、最普及、最实效的文化活动形式，努力创建良好的基层公共文化服务平台。

2003 年夏天，由吴江市文化馆牵头，组织盛泽、平望、震泽三个镇的文化站开始了"区域文化联动"的先驱之行。吴江市文化馆在组织、业务、技术上提供服务和保障，负责策划、辅导、统筹、舞台、灯光、音响、舞美等工作，每个镇分别排练一台两个小时的综艺节目，再从中抽调部分优秀的节目组成一台联合节目，在每个镇巡回演出，3 个镇共演了 6 天。演出节目深受老百姓的欢迎，活动在全市基层引起了强烈的反响。2004 年，"三镇联动"发展成覆盖全市的"十镇联动"，形成全市区域的文化大联动。全市十个镇分别组织一台节目，外送 2~3 个优秀节目再组织成一台联合节目，在十个镇的广场或开阔地带各上演两场，并命名为"吴江市十镇联动大型文艺巡回演出"。由市委宣传部、市文广局和各镇党委、政府等作为主办单位，市文化馆、各镇文化站承办，政府机关、企事业单位积极参与活动。如今，"吴江市十镇联动大型文艺巡回演出"已形成规律性、制度化，并已成为吴江市基层文化活动的一个品牌。每年的上半年从 4 月策划开始，到 7 月演出结束，每周一个镇演两场，共演出 20 场，每年创作各类节目 50 多个，全市编排上演节目 300 余个，参演演员 3000 多人次，观众高达 20 万人次，从而全面带动了全市基层文化活动的开展。

2009 年始，吴江市"区域文化联动"活动范围扩展到了邻近的江浙沪地区，上海的青浦区、浙江的嘉善县、嘉兴市南湖区、浙江湖州市都加入联动联盟，活动号称"吴江市第七届区域文化联动暨长三角文化交流活动"，除了广场文化演出交流，还有"长三角摄影作品交流展"，在五县市进行巡回展览。2010 年，在上级文化部门的领导下，结合大运河"申遗"这一国家级战略工程的实施，联合大运河江浙段沿线的徐州、宿迁、淮安、扬州、镇江、常州、无锡、湖州、嘉兴等 10 个城市，成功举办了首届京杭大运河（江苏）文化艺术节。以上这些是借助江浙沪长三角核心腹地的地理区域优势和大运河保护这一重要契机，缔结同质近质文化联动联盟的成功探索和尝试，极大地推动了区域内文化协同大发展格局的形成。

在"区域文化联动"中，吴江市文化馆发挥了文化部门的龙头作用：每个活动从活动宣传、节目组织、计划安排等方面，均由文化馆制定详细的活动策划书；积极探索市场化运作的新机制，八届活动共筹措社会资金300余万元，为活动的开展提供了有力的财力保障，也为服务社会、服务经济创立了新的理念和模式；添置了300多万元的音响、灯光设备及舞美器材等，力使演出效果达到最佳，舞台设备看护等均由文化馆专人负责；对于镇的节目演出、服装道具等文化馆也积极给予指导和帮助。各镇文体站体现了基层文化组织的功能和作用，是推动社区和农村先进文化发展的主力军，特别是基层文艺作品的创作和繁荣，极大地活跃了基层文化生活。原本有些门庭冷落的镇文体站也因十镇联动热闹起来了，找回了属于自己的舞台，更好地发挥了作用。广大文艺骨干和积极分子发挥了群众文化的主力军作用。历年区域联动群众演员人数达1500人，演员的积极性空前高涨，成为推动区域文化联动和公共文化服务体系建设的一支重要力量。

(三)公共平台交流供给

在政府的协调和支持下，搭建面向社区的公共文化资源供给平台，能够有效丰富社区公共文化资源供给。这样的平台，可以是实体的，也可以是网络的；可以由公益性文化事业机构搭建，也可以由社会力量搭建。逐步走向专业化、规模化运行的社区公共文化资源交流、供给平台，既扩大了社区群众对公共文化资源的展示面和选择面，又"菜单式"地让社区群众自主选择，有利于提高公共文化资源供给的针对性和效率。

案例：杭州市"一网、一团、一体系"群众文化服务平台建设

2009年以来，在杭州市文广新局领导下，由杭州市群众艺术馆牵头，联合全市各区县群文机构共同实施群众文化"集约化、一体化"创新项目，努力形成三级联动、区域共建、运转有序、服务高效的群文工作组织运行机制，进一步提升群众文化工作水平，推动群众文化的大发展大繁荣。项目启动以来，主要通过"一网、一团、一体系"三个平台的打造，来推进全市群文资源的整合和群文运行机制的创新。

一是围绕整合全市群文服务资源、创新群文服务机制，创建杭州群众文化网。由杭州市群众艺术馆牵头创建的杭州群众文化网（www. hzwhw. com）由主网站和 13 个区县（市）子网站构成。网站具有两大功能：一是信息服务功能。网站整合了全市的群众文化、公共文化信息资源，是目前杭州市群文信息、公共文化信息最为丰富的一个网络平台。二是文化配送功能。网站设立了群文配送服务平台，上挂杭州群众文化服务菜单，接受基层群众的点击预约，从而实现了群文机构与市民群众的文化服务供需对接。目前，网站的免费服务菜单上主要有演出和培训辅导两类文化服务。项目实施以来，杭州群众文化网以乡镇街道和社区为单位，先后设立了两批共 284 个基层服务点，并通过网上预约的方式，为基层群众送演出 300 多场，观众达 25 万人次，开展培训辅导服务 120 多次，辅导人员近 6000 人次。

二是围绕整合全市群文创作力量和人才资源、创新群文创作机制，创建杭州群星艺术团。杭州群星艺术团下辖歌舞团、滑稽艺术团，民乐团、铜管乐团、合唱团、少儿艺术团、中老年艺术团、腰鼓团八个分团和创作部、演出部两个直属部门。群星艺术团不仅集聚了全市群众文化机构的主要创作力量，还将一些专业演出团体的退役人才和部分有实力的民营剧团招至麾下。通过签约加盟、项目合作的形式，群星艺术团与下属团队与成员建立起了一种既有别于专业艺术团体，又便于集中力量完成创作表演任务的半紧密型合作关系，使全市的群文创作从"各自为政"向"合作互补"转变，大大提升了全市群文机构开展创作活动，服务广大群众的整体实力。目前，在群星艺术团这个平台上，已完成各类创作节目 30 多个。

三是围绕整合全市业余文化团队资源、创新业余文化团队管理机制，建立群众文化团队评级管理体系。通过杭州市一级群众文化团队、杭州市群众文化示范团队的评选，将全市数千支业余群众文化团队纳入了一个有效的管理体系，促进了群众文化团队的交流、竞争和水平的提升，使群文团队从"自娱自乐型"向"示范带动型"转变，成为文化主管部门开展公益文化活动、丰富城乡文化生活、推动基层文化建设的重要力量。

（四）社区群众自主供给

社区群众自主供给是社区公共文化资源供给的重要补充。在西方发达国家，已经基本成熟的社区文化发展模式中，社区群众自主、自助供给是社区文化资源供给的主要方式。逐步提高社区群众自主、自助供给在社区公共文化资源供给中的比重，有利于发挥社区群众的主人翁精神，有利于塑造富有特色的社区文化形态，也有利于提高政府投入绩效、适度缓解公共财力负担。

社区群众自主供给主要通过社区组建的文艺团队、社区群众自发性文艺团队、社区内文艺骨干和各种艺术人才主动自觉地为社区群众提供各种健康有益的文化产品和服务。其中，社区组建的文艺团队是社区文化建设的骨干，要树标杆、显特色、创品牌，要扎根社区、就近便利地为社区居民服务，成为带动全体社区群众开展文化建设的核心。与此同时，要大力鼓励和支持社区各种群众文艺团队、文艺骨干、艺术人才结合各自特点，开展富有特色的文化艺术活动。

案例：温州市鹿城区桂柑社区群众自主开展文化资源供给①

桂柑社区，是一个仅有 25 幢楼房、848 户住家的小区，总人口不过 3280 人。鹿城是温州的老城，改造任务繁重，桂柑社区居委会不等不靠，一门心思订方略拿计策，最终把改造社区的资金落实到了一家一户的头上，提出"共驻共建，人人参与"的口号。他们把自己的社区建设定位在区、街拨一点，共建单位助一点，居民群众集一点上……在桂柑小区里，记者惊奇地看到，每一栋楼房的楼层上点缀着盆花和壁画，这些都是社区居民自己的杰作。小区居民自行集资粉刷楼梯，购买盆花，还把本幢楼学生的书画作品和宣传标语挂到各楼梯口，以展示自己对小区的参与共建之情，这种"楼道文化"与花窗在居民区形成一道亮丽的风景线。

社区图书室的图书来源也是采取居民捐一点、共建单位给一点的办法。居委会通过广播、楼长会议向居民发动，提倡每户捐书三本，变一户一人看书为大家看书。建"书架子工程"赠书活动得到了广大居民群众的热烈响应，居民们纷纷送来书籍，桂柑 13 幢 106 室的徐冬花还特意去新华书店买 308 本新书送到居委会。水心第一小学送来 400 本图书，少儿图书馆支持居委会 600 本图书，鹿城文化局赠送 186 本崭新的图书。目前，图书室已有 3000 多本各类书籍供居民、青少年学习借阅，成为小区居民、中

---

① 叶南客. 都市社会的微观再造——中外城市社区比较新论[M]. 南京：东南大学出版社，2003：107-108.

小学生读报求知的好地方。虽说这些事都算不上"惊天动地"，却来得实在，与居民需求紧密相关，因而又显得十分必要。

四、社区公共文化资源供给信息的反馈与调节

(一)社区公共文化资源供给的状况分析

为了及时掌握社区公共文化资源供给状况，需要定期进行调查、分析、评估，发现和解决社区公共文化资源供给过程中存在的突出矛盾和问题，不断改进供给方式、提高供给效率。对社区的公共文化资源供给状况分析主要包括内容与方式两个方面：一是供给的内容是否贴近或适应当前社区群众的基本文化需求，重点考察供给的公共文化产品和服务与社区群众最迫切需求的契合度。二是供给的方式是否贴近或适应社区群众的接受习惯，重点考察公共文化资源供给的信息公示、载体配置、时间安排、供给数量等与社区群众参与方式、参与规模的契合度。

(二)社区群众对公共文化资源供给的意见反馈

为提高社区公共文化资源供给的实际效率，需要及时收集和分析社区群众对公共文化资源供给的反馈意见。反馈意见的收集可以通过实地观察、个别访谈、居民座谈等方式进行。社区公共文化资源供给的主体，要根据社区群众的反馈意见，及时提出相应的整改方案，有针对性地调整供给内容、改进供给方式、提高供给效率。对社区群众反馈意见的处置和落实情况，也要及时作出回应，将整改方案和措施及时告知社区群众。

(三)社区公共文化资源供给的自调节机制

社区公共文化资源供给是一个长期的、动态的过程，需要在实践中不断调节和优化，这就需要逐步建立和完善有利于不断优化社区公共文化资源供给的自调节机制。

1. 建立"菜单式"供给机制

以面向社区公开发布"菜单"的形式，将可用于社区公共文化服务的资源明明白白地告知社区群众，由社区组织在社区群众参与下对所需求的公共文化资源进行"点单"，公共文化资源供给主体根据"点单"实施供给。"菜单"按照社区组织和社区群众的实际"点单率"进行排列，那些长期不为

社区欢迎的产品和服务经过"自调节"逐步下移，直至出局。"菜单式"供给，彻底改变了原有社区基层群众被动接受的格局，转变为社区组织和社区群众的主动选择，来自社区组织和社区群众的需求信息直接通过"菜单"转化为引导社区公共文化资源建设的强烈信号。

2. 建立"交互式"供给机制

以面向社区建立多社区资源交流平台的形式，将原先处于相互分割状态的单一社区文化资源，公平呈现于统一的平台之上。这一平台以社区为成员，可以通过建立网络、形成契约、加入联盟等多种方式组建。加入平台的各成员社区，一方面将自己可以为其他社区提供的资源介绍输送到平台；另一方面，可以进入平台考察其他社区提供的资源介绍，并自主选择和邀请其他社区的文化资源供给到本社区。"交互式"供给机制，彻底改变原有单一社区封闭化文化资源供给形态，有效地扩展了社区公共文化可供资源的总量。

3. 建立"要素式"供给机制

以面向社区提供社区公共文化建设关键要素的形式，帮助社区组织和社区群众开展各种有益的社区文化活动，不断提高社区公共文化服务能力。这些关键要素主要包括人才、资金、技术、信息、培训、平台等。例如，派遣文化艺术人才到社区指导社区文艺创作编排，安排一部分资金支持社区文化队伍建设，为社区培训具有专业知识和技能的文化服务人员，安排一批文化装备(灯光音响设备、影视放映设备、健身娱乐设备等)支持社区，汇集和提供各地社区文化建设经验和信息，为社区文化交流提供平台支撑等。"要素式"供给机制推动了原有单一产品供给方式向结构化地扶持社区提升自身公共文化服务能力的转变。

第三节　社区公共文化人才队伍建设

人才问题是社区公共文化建设运行的核心问题。一个社区拥有既懂社区公共文化建设运行规律、有组织社区文化活动能力，又能热心社区文化服务的优秀人才，常常是这个社区公共文化服务积极健康、人气兴旺、群众满意的直接原因。当前正值全面推进中国社区公共文化大发展大繁荣的重要时间窗口，建立一支合格的社区公共文化人才队伍至关重要。

一、专兼职社区公共文化指导队伍建设

(一)专职社区公共文化指导队伍执业培训

就现阶段社区公共文化发展情况来看，大多数社区十分需要公共文化建设运行方面的指导人才，十分需要社区群众普遍喜爱的相关文化艺术门类的指导人才。同时，就现阶段我国基层文化建设而言，面向社区提供公共文化建设运行的指导，事关我国基层文化建设大事，事关社会主义核心价值体系在社区的建设，事关每个社区群众的切身利益。因而，社区公共文化指导这项工作的核心岗位需要由有专门知识、有专业技能的专职人才来承担。

专职社区公共文化指导队伍建设，有三个基本要求：一是必须根据公共文化服务体系建设的要求，科学设置社区文化艺术指导职业岗位，并明确这一职业岗位的政治素质要求、专业知识要求和业务能力要求。二是要在社区文化艺术指导干部的招聘条件中，结合实际要求增加社区文化艺术指导方面的考核内容。三是对已经招录的社区文化艺术指导干部，要在任职前进行系统的岗前素质培训和专业培训，培训合格后签约上岗。

(二)兼职社区公共文化指导队伍培训

社区公共文化指导工作面广量大、门类众多，需要建立专兼职相结合的社区文化艺术指导队伍，大量具体的社区公共文化工作需要由兼职人员或文化志愿者来分担。由于社区文化艺术指导具有专业工作特点，需对兼职人员或文化志愿者进行必要的素质培训和业务培训，使其了解所要具体从事的社区公共文化指导工作的特点和要求，以及掌握必要的工作技能。兼职人员和文化志愿者在培训合格后签约上岗。

(三)专兼职社区公共文化指导人员激励机制

在政府的指导和支持下，各地文化行政主管部门负责建立健全专兼职社区文化艺术指导人员的保障机制和激励机制，主要包括：一是按照国家有关规定，落实专职社区文化艺术指导人员的薪金待遇和社会保障。二是对长期从事社区文化艺术指导的兼职人员，应视其工作业绩、参照专职人员待遇，提供相应的劳动报酬和社会保障措施。三是对参与社区公共文化指导的文化志愿者，可结合实际情况给予必要的生活、交通补贴，以及为

其购买人生意外保险等。四是以定期奖励和表彰、为优秀社区文化艺术指导工作者提供更好的发挥才能的条件等方式，建立优秀社区文化艺术指导人才和文化志愿者的激励机制。

二、社区文化艺术队伍建设

(一)常设性社区文化艺术队伍建设

常设性社区文化艺术队伍是社区公共文化艺术活动的基本队伍，是社区文化艺术工作长期稳定开展的基本保障。常设性社区文化艺术队伍建设主要有两种情况：一是特定社区根据本社区实际需求情况和能力组建的、专门面向本社区提供文化艺术服务的常设性队伍。二是在政府文化行政主管部门指导下，以各级文化馆(站)为主体组建的、覆盖本地区各社区的常设性社区文化艺术服务队伍。政府文化行政主管部门有责任帮助当地文化馆(站)，建立面向社区提供文化艺术服务的文化艺术团队，并协助完善这些文化艺术队伍建设运行的长效机制，为之提供设施、场地、设备、资金和人才方面必要的保障。各级文化馆(站)有责任帮助所在区域各社区文化艺术团队的建设运行，为之提供必要的专业指导服务。

(二)社区业余文化艺术队伍建设

社区业余文化艺术队伍建设是社区公共文化服务活动的重要内容和重要支撑，是社区群众自主开展社区文化艺术活动的重要体现，也是社区群众自我供给文化资源的重要主体。社区应本着因地制宜的原则，紧密结合社区特色文化资源和文化艺术人才资源，组建本社区群众喜闻乐见、积极参与的各种业余文化艺术队伍、文艺兴趣小组。各地政府文化行政部门和文化馆(站)应高度重视对本区域各社区业余文化艺术队伍扶持和引导，社区组织特别是社区文化室结合本社区业余文化艺术队伍发展情况，建立健全相关扶持办法和管理制度。

(三)社区文化艺术队伍的基本要求

1. 要具备无私奉献的精神

作为公益性质的社区文化艺术服务，既是一个没有舞台、没有鲜花、没有报酬的工作场景，又是一个社区群众人人建设、人人关注、人人参与、人人享受、人人赞美的大舞台、大展台。社区文化艺术队伍的基本属性是一个包容性很大、约束性较弱的群众文化艺术社团，大多数群众文化艺术团队是社区群众自主自发的兴趣组织，这就需要承担核心功能的组织者或召集者具有热心公益、无私奉献的精神。社区文化艺术队伍不同于一般意义上文化艺术团队，不是以舞台演出、作品展出为根本目的，而是重在引领社区群众积极参与，所以要特别注重依靠社区文化艺术团队中的核心成员，以良好的艺术素养和高尚的道德情操去感染社区群众。社区文化艺术队伍的建设运行会明显提升社区的文明水准和社区居民的幸福感。

2. 要具备善于创新的能力

社区文化艺术队伍主要的活动阵地在社区，社区文化艺术队伍要具备三种能力：政治判断能力、艺术示范能力、综合协调能力。求新、求美是社区群众的普遍要求，只有不断创新、不断提供新颖生动的文化艺术产品和服务，才能得到社区群众的持续认同、关心和青睐，才能达到"寓教于乐"的目的，才能更好地吸引社区群众参与其中。社区文化艺术队伍要善于理解社区群众追求新主题、新题材、新形式的合理诉求，把创新意识贯穿于各种活动的策划和实施之中，不断发现新领域、运用新手段、推出新现象、营造新氛围，以多姿多彩、丰富生动的文化艺术活动吸引更多社区群众参与，社区文化艺术工作者也会在社区群众发自内心的喜悦中感到欣慰和成功。

三、社区文化艺术人才和队伍交流

(一)社区文化艺术人才和队伍交流的必要性

交流能使社区文化艺术人才和队伍长存常新。在政府文化行政管理部门和各地文化馆(站)的协调和支持下，搭建社区文化艺术人才和队伍的交流平台，有助于同一社区不同文化艺术团队之间、同一地区的不同社区之间、不同地区的社区之间的人才、队伍、产品和服务扩大交流，有助于各社区文化艺术人才的才能展示，有助于推出社区文化艺术服务品牌，有助于社区公共文化资源供给的格局优化、总量增加。

(二)社区文化艺术人才和队伍交流平台的搭建

社区内文化艺术人才和队伍交流平台的搭建，主要通过举办社区内的文化艺术展示展演活动得以实现。同一地区不同社区之间文化艺术人才和队伍交流平台的搭建，不仅可以通过该地区举办的社区文化艺术交流展示展演活动得以实现，也可以通过搭建文化艺术人才和队伍推介、文化艺术产品和服务信息的发布等专门平台得以实现。不同地区、不同城市之间的文化艺术人才和队伍交流平台的搭建，则主要通过跨地区联合举办的文化艺术协作交流活动得以实现。

(三)社区文化艺术人才和队伍的交流机制

在各地政府文化行政部门指导下，以各地文化馆(站)为主体，建立和完善社区文化艺术人才和队伍的定期交流机制，交流情况、切磋经验、指导实践，逐步提高各社区文化艺术服务能力。各社区之间也可以自发建立社区文化艺术人才和队伍结对交流机制，以互换、帮扶、协作的方式，实现相互交流、相互带动、相互促进、资源共享。依托跨区域重大社区文化艺术活动，灵活采用联合、协作、参与的方式，建立起覆盖更大范围的社区文化艺术人才和队伍交流机制，更有效地提升参与各方社区文化艺术服务活动的能级和影响力。

第四节　社区公共文化品牌的塑造、推介与传播

在各地社区公共文化建设运行过程中，会不断涌现先进经验、成果做法以及为群众喜爱的文化活动和文化团队。这些好的经验和做法、优秀的活动和团队，是社区公共文化品牌建设的重要基础。推动社区公共文化品牌的创建和传播，发挥品牌的引领和带动积极效应，有利于普遍提升社区公共文化服务的发展质量。

一、社区公共文化的特色培育

(一)社区公共文化特色化的必要性

社区的经济社会发展特点、文化传统、民间习俗和居民文化认同等因素，客观地决定了社区的文化特色。富有特色的社区文化总会渗透在社区公共文化服务之中，使社区公共文化服务显示出一定的特色，而富有特色的社区公共文化服务更能得到社区群众的认同和喜爱。依托社区文化的特色，引导和加强社区公共文化服务的特色化建设，推动形成丰富多彩、特色鲜明的社区公共文化，能够更有针对性地服务于特定社区的基层群众，同时也有助于特定社区公共文化服务丰富内涵、提升能级、扩大交流。

(二)社区特色文化资源与利用

为了营造富有特色的社区公共文化服务，需要对本社区建设的基本特点、基本经验进行梳理和整合，力求找出本社区的综合比较优势并予以强化和发扬。需要对本社区在长期发展中形成的特色或优势文化资源进行提炼和加工，使之融入社区公共文化服务之中，成为社区群众文化生活的有机成分。对于大型新建社区，要注重各种文化资源的梳理和整合，逐步在服务于社区群众的活动中发现和培育特色。在社区具有特色的公共文化服务基础上，加强引导和扶持，逐步培育出本社区群众广泛认同、在城市或地区有典型意义和知名度的社区公共文化服务的品牌。

案例：上海市闸北区大宁路街道依托资源优势创建社区文明[①]

上海市闸北区大宁路街道社区在资源整合方面取得了积极成效，具体体现在人才资源整合、组织资源整合、信息和文化资源整合以及物质资源整合上……

街道社区积极整合社区资源，建立了创建学习型社区联席会议，开展了多种形式、卓有成效的文化教育活动，努力使社区成为一所"没有围墙的学校"，同时还提供了各种各样的信息服务。

通过整合上海大学图书馆的资源，使其为社区居民提供借阅服务；通过整合风华中学电脑房，使其为社区居民提供学习计算机知识的场地及设施；通过整合中外合资上海龙马神汽车座椅有限公司，使其成为社区中小学生德育基地；通过整合辖区内上海大学对外交流学院的外籍教师，使其通过英语角辅导居民学习。另外，街道社区的一些群众团体也积极参与学习型社区的创建。

二、社区公共文化品牌塑造

(一)社区公共文化品牌的创建

1. 依托独特的传统资源创建

各地所拥有的独特传统文化资源是形成社区公共文化品牌的良好基

---

① 杨贵华. 自组织：社区能力建设的新视域——城市社区自组织能力研究[M].
北京：社会科学文献出版社，2010：258.

础，将独特传统文化资源培育成社区公共文化品牌，大致要经历三个阶段：一是着力发现、总结、提炼和弘扬当地的优秀传统文化特色；二是结合社区群众的生活习惯和基本文化需求，将优秀传统文化特色转化为公共文化服务的重要内容和方式；三是在社区公共文化服务的实践中，依托优秀传统文化资源和特色培育出社区公共文化服务新亮点新品牌。

案例：河南省渭南市"一元剧场"服务品牌

河南省渭南市素有"戏窝子"的别称，社区群众有热爱看戏、钟情秦腔的文化习惯，看戏成为当地社区群众业余生活的重要内容。渭南市结合基层群众这一习俗，充分挖掘当地戏曲资源，不断改进以戏曲服务社区群众的方式和渠道，创造性地推出"一元剧场"公共文化服务品牌，采取政府贴一点、群众出一点（每场门票一元）的方式，送戏到乡村、进社区，得到广大社区群众的高度赞誉，也激活了剧团服务基层群众的内在活力。

2. 利用独特的优势条件创建

众多社区客观上在区位、地段、交通、产业、环境等方面存在独特的比较优势，其中部分优势因素可以丰富社区公共文化服务内涵，可以直接或间接地转化为社区公共文化服务的比较优势，利用这些优势可以加快社区公共文化服务品牌创建的进程。

案例：江苏省苏州市胜浦镇浪花苑社区结合苏州工业园资源开展特色服务

江苏省苏州市工业园区胜浦镇浪花苑社区，是一个刚刚从农村转化而来的新建工业化城镇社区。社区创建之初，大量失地农民还不适应城镇生活方式，部分社区群众还没有找到合适的工作岗位，社区失业人口多、上访户多、外来务工人员多、出租房屋多，社区秩序相对混乱。针对社区实际情况，当地政府和社区干部以改善社区群众就业状况为抓手，紧密结合社区地处工业园区内的比较优势，把社区群众素质教育和社区培训作为开展社区公共文化服务的突破口，建立与苏州工业园区人力资源部门的紧密协作关系，通过园区人力资源部门邀请园区内各大企业人力资源部，直接进入社区对群众进行面对面有针对性的素质教育和就业培训，创造性地形成园区、厂区、社区的"三区联动"公共文化服务新机制。时至今日，该社区已基本没有失业人口和上访户，社区环境优美、氛围祥和，成为当地社区公共文化服务体系建设的先进典型。

3. 加强自身个性的开拓提升创建

社区公共文化服务始终围绕保障和实现人民群众基本文化权益、满足人民群众基本文化需求这一立足点和出发点，致力于改善和发展社区的文化民生。但是，社区公共文化建设具有鲜明的民间性、地域性、群体性特征，只有在努力改善基本文化服务的同时，紧密结合社区自身特色，高度重视社区具有个性特色的资源挖掘、品牌培育和服务提升，才能真正贴近社区群众，更有针对性地做好本社区公共文化服务工作。

案例：上海市嘉定区结合地方特色创建"百姓系列"品牌

上海市嘉定区结合当地社区群众参与文化建设积极性较高的特点，充分尊重基层群众的创造才能，强调全民参与，突出自我管理和自我发展，建立了以政府引导、百姓自主供给为特征的"百姓文化系列"公共文化资源供给模式，包括"百姓说唱团"、"百姓书社"、"百姓影院"、"百姓讲坛"、"百姓睦邻点"以及温暖外来务工人员心灵的"文化家园"等，在公共文化资源来自百姓、服务百姓、愉悦百姓、提升百姓方面，创立了知名品牌。

4. 参考和借鉴形成错位竞争创建

近年来，全国社区公共文化建设出现了许多先进经验和典型示范，各地学习这些先进典型，将"他山之石"与本地社区公共文化发展特点紧密结合，能够在原有先进经验基础上进一步创新，并推动形成新经验新典型。

案例：河南省周口市在借鉴中不断深化服务品牌效应

河南省周口市学习借鉴河南省渭南市"一元剧场"的先进经验，不仅应用于进社区、到农村的文艺演出，而且进一步扩展至社区的"一元影院"，有效地放大了"一元"机制的正面效应。周口市社区和农村数字电影免费放映，也采用政府补贴一点、企业广告支持一点的方式，取得了良好实际效果，成为全国社区和农村数字电影免费放映（"2131"工程）的知名品牌。

(二)社区公共文化品牌价值的提升

1. 在丰富内涵中提升

社区公共文化服务品牌创建并非"一劳永逸",而是一个长期持续的过程,必须与时俱进地丰富品牌内涵、拓展品牌空间、提升品牌效应,唯其如此,才能长期保持品牌的价值和影响力。

案例:浙江省宁波市定海区推出"百姓课堂"

浙江省宁波市定海区自 2009 年推出"百姓课堂"社区群众文化公益培训品牌以来,持续不断地丰富该品牌的内涵、改进该品牌的服务方式。几年来,逐步实现了从有偿性向全免费转型、从固定时间向全天候转变、从固定门类向全方位转变、从固定课堂向全社会转变。不仅如此,通过"百姓课堂",结合社区文化志愿者队伍建设、"十百千"文化人才工程推进,有效整合和提升了面向社区基层的文化人才队伍,成为免费开放背景下创新社区公共文化服务和社会教化的成功尝试。

2. 在创新方式中提升

社区公共文化品牌的表达、表现贯穿于品牌创建的全过程,多方式、多路径、多渠道地表达、表现社区公共文化服务品牌,有利于将品牌所达到的新高度、新水准扩展至更多领域,能够有效促进社区公共文化服务整体水平的提升。

案例:浙江省宁波市"群星展厅"群众文化传播方式创新

"群星展厅"是宁波市文化广电新闻出版局支持,宁波市群众艺术馆整合视觉艺术资源和展览设计优势,为强化阵地服务职能,促进公共文化设施的有效利用而策划实施的文化惠民项目。

展厅位于美丽的月湖景区,它突破了传统美术、书法、摄影活动模式,充分发挥政府公益文化和群众文化网络优势,具有策展定位准、布展创意新、办展零门槛、开放全免费的特点,形成了阵地与巡展结合、实体与网络同步、名家与草根齐聚、鉴赏与交流并举的多样格局。鲜明的展览主题,灵活的展览形式,丰富的展览内容被甬城百姓亲切地称为"百姓美术馆"。

自 2008 年 7 月推出以来，已举办各类展览 48 期，为 80 余位本地视觉艺术工作者和爱好者提供了展示的舞台，观众达 20 余万人次，收到外国友人、各地来甬游客和群众现场留言 2300 余条，每期展览活动以其亲民性、艺术性和娱乐性，让社会各界近距离感受宁波文化的艺术魅力。浙江省委常委、宁波市委书记巴音朝鲁欣然题词"文化惠民，泽及百姓"，也引起了《中国文化报》、《美术报》、《书法报》、《书法导报》、《宁波日报》、《宁波晚报》、宁波电视台等多家媒体的关注与专题报道，切实提高了艺术馆的社会美誉度和文化影响力。

"群星展厅"的倾力推出，使文化设施"机关化"的现状得到有效改善，让高居殿堂的视觉艺术走进了寻常人家，让初出茅庐的"草根"人士找到了展示的舞台，使宁波市群众艺术馆公共文化服务水平，公共文化产品供给能力，公共文化服务范围得到了进一步提高和拓展，"群星展厅"以其独特的艺术魅力成为月湖景区的"文化客厅"。"群星展厅"有四个显著特点：一是百姓艺术亮相的平台。二是视觉人才推介的空间。三是草根社团的展示窗口。四是服务延伸的品牌效应。

现如今，"群星展厅"已成为宁波的"百姓美术馆"和市民自己的"星光大道"，成为宁波公益文化的又一个知名品牌。

3. 在宣传推介中提升

概而言之，宣传推介从三个方面对社区公共文化品牌起到提升作用：一是扩大影响。宣传推介直接的作用是提高社区公共文化品牌的社会知名度、群众知晓度，有利于发挥这些品牌的社会带动作用；二是提升功能。社区公共文化品牌蕴涵着丰富的优质社区公共文化艺术资源，广泛宣传、推介和传播社区公共文化品牌，意味着将这些原先分散在各个社区的优质公共文化资源推向更多社区、发挥更大作用，在更大范围内服务于社区文化民生的改善和提升；三是推动改进。社区公共文化品牌经过广泛传播，必然引发社会关注，有可能得到各种积极的建议、善意的批评，这些意见和建议有利于品牌的进一步改进和优化。

(三)社区公共文化品牌对文化资源的有效集聚

1. 社区公共文化品牌的认同功能

社区公共文化品牌是从社区的土壤中萌发、成长起来的，与社区群众的文化需求、艺术爱好、欣赏习惯有着天然的、稳定的联系，特别是那些在社区充满人气的公共文化品牌，最能够得到社区群众的珍惜和爱护。依托社区公共文化品牌，加大社区公共文化品牌建设和宣传力度，把社区公共文化品牌与社区群众的文化生活紧密结合，就能够不断扩大社区群众的认同、支持和参与。

2. 社区公共文化品牌的资源集聚功能

为社区群众高度认同的社区公共文化品牌，具有一定的"磁力"效应，是集聚、提炼、整合社区文化资源的核心载体。围绕社区公共文化品牌集聚社区文化资源，不仅能进一步丰富品牌内涵，还能更加有效地体现这些资源的内在价值。社区公共文化品牌对资源的集聚功能主要表现在三个方面：一是对社区组织资源的集聚，社区组织在重视和扶持过程中，也直接受益于社区公共文化品牌所具有的对内的凝聚效应和对外的宣传效应；二是对社区各种文化艺术团队、人才资源的集聚，带动社区文化艺术创作，丰富社区文化艺术活动，提升社区文化艺术活动能级；三是对社区群众注意力资源的集聚，提高对社区群众的吸引力，扩大社区群众的参与度，在改善社区文化民生方面发挥骨干作用。

3. 社区公共文化品牌的整体提升功能

一个社区的优秀公共文化品牌，往往成为这个社区的一面旗帜。发挥好这面旗帜的作用，就能够不断提升对全体社区群众的凝聚力和感召力，就能够不断优化本社区在地区或城市的社会形象。全社会社区公共文化品牌连成一体，就能够逐步建成中国社会主义基层文化建设的一道亮丽的风景线，有助于全社会淳化风俗、弘扬正气。依托社区公共文化服务品牌，有机融入社会主义核心价值体系建设内容，就能够逐步深化社区群众的文化认同、政治认同、国家认同和民族认同。

案例：北京市朝阳区以"社区一家亲"整合资源、整体提升

北京市朝阳区"社区一家亲"文化活动由朝阳区文化馆于 2001 年创建。最初只是举办一些简单的文艺演出。经过不断的探索，逐渐将自身发展融入公共文化服务体系建设，实现了从文化娱乐到民众教育的转变，从区属到区域的拓展，从爱好者舞台到文化民生的提升，受到政府的关注和百姓的喜爱。2004 年，活动发展成为由朝阳区委宣传部、区精神文明办、区社工委、区农委和区文化委五家单位联合主办的政府折子工程项目，专门成立了活动办公室（办公室设在朝阳区文化馆）。2006年活动被正式列入全区"十一五"规划。通过年均700余场的演出、展览、培训、比赛、作品征集、生活体验等活动，带动了朝阳区基层1400多支文艺队伍和200余家文艺协会的蓬勃发展，年参与"社区一家亲"人数达200万人次。活动于2008年被评为朝阳区人文奥运"十"大品牌活动，于2009年由北京市文化局推荐，荣获北京市唯一一家全国"群文品牌"，2011年荣获由北京市文化局首次评选的"北京市优秀文化品牌活动"。

朝阳区为了打造"社区一家亲"文化品牌，先后开展了"公共文化设施规划"、"公共文化服务评估体系"、"民工现象"、"下岗现象"、"村官现象"、"老大妈论坛"等不同类别、不同人群的调研。在调研基础上，逐步改变原先以区属街乡为服务重点的方式，从服务空间、服务对象、服务载体等方面将活动扩展到百姓生活的各个领域。在空间上，盘活驻区社会文化资源，充分发挥区内高等院校、研究机构、国家文艺团体的资源优势，引导社会文化资源向公共文化服务领域合理流动；面向各层面受众建立文化体验馆、艺术培训学校、戏剧排演场、影院、展览中心等设施；建立区域文化中心联动模式，与八里庄街道、呼家楼街道、团结湖等街道共建文化活动中心，发挥文化馆的带动作用。在对象上，从满足文艺爱好者的小众娱乐到满足人民群众文化权益的大众乐园，服务生活工作学习在朝阳的每个人，尤其关注社会弱势群体的文化权益。在载体上，研究社会文化资源共享模式，鼓励采取互利互惠、文化共赢的方式和区域内企事业单位、学校、使馆等共办文化活动，并引导社会资金以多种方式投入公益活动，先后创意了民工影院、皮村打工者文化中心、外来工歌手大赛、民工题材歌曲创作、"民工与莎士比亚"戏剧展演等与民工精神文化生活密切相关的活动载体。

"社区一家亲"将娱乐教育和民众教育有机结合，使活动从以文艺爱好者舞台式的文化传播方式，到改善不同人群的文化民生，关注社会问题，改善人的生活。举办活动或培训的目标不再是单纯的精神愉悦或文艺水平的提升，而是期望民众能在轻松中受到熏陶和启迪，以培养公民的态度、习惯和意志，增强民族意识、振奋民族精神。为此，成立了高等教育机构校外课堂，青少年、老年活动基地，基层文化辅导基地，百姓生活体验基地，公益广告宣传阵地，如创建"红半天"女子鼓乐团、"老物件工作坊"等。

"社区一家亲"结合朝阳区是世界城市建设试验区和国家公共文化服务体系示范区的申报区，区域经济快速发展，城市规模与人口结构急剧变化，人口总量多、增长快、结构复杂，区内有外籍人士、商务人士、文化人士，还有15万农民等多元群体、多元文化、多元需求并存的突出特征，努力了解不同群体特点，创作更加丰富、更有针对性的文化产品，以不同的传播方式贴近各类群体的文化需求。为外来工设立了农民工文化中心、打工艺术博物馆，打工子弟学校，为农民建立了农村文化大棚、农村文化大院、农民剧场，流动文化馆田野计划，为年轻人设立了大学生戏剧节，"大学时光"艺术活动。围绕春节、元宵、清明、端午、中秋、重阳等民俗节庆日，举办传统文化活动。此外，针对朝阳区突出的国际化特点，与驻华文化处及驻区文化机构合作建立多个文化品牌项目，与法国文化中心合作举办"中法戏剧荟萃"、与波兰大使馆合作举办"波中男孩女孩大联欢活动"、与以色列艺术剧院合作举办"对话以色卡迈尔艺术剧院"、与俄罗斯大使馆合作举办"体育招贴画展览"、与英国大使馆合作举办"莎士比亚戏剧巡演"、与日本帐篷剧社合作举办戏剧《变幻痂壳城》等。

"社区一家亲"注重以公共精神和创新理念带动全区各街乡自主品牌的创立和文艺团队的发展。作为全国群众文化品牌，"社区一家亲"全年计划已成为统筹全区文化活动的指导性文件，并引导、扶植三里屯、小关、朝外、亚运村、高碑店等地区建立了"朝阳三里屯国际街区灯笼灯会"、"小关国际交流文化广场"、"春分朝阳——日坛祭祀典仪"、"大碗茶广场故事会"、"孝道中秋"等自主品牌活动。此外，活动项目制管理的用人机制和考核制度带动了文化馆体制改革和人才队伍建设的发展，培育了快板刘文化大院、打工艺术团、大鼓队等社会团体，为其组织者和成员们直接提供了自我展示和价值体现的平台。

三、优秀社区公共文化品牌传播

(一)优秀社区公共文化品牌遴选机制

发现和遴选优秀社区公共文化品牌是面向社会广为推介传播的前提。要改变以往优秀社区公共文化品牌自生自灭、随机传播的自发状态，逐步建立规范高效的优秀社区公共文化品牌发现和遴选机制。这些机制主要包括以下两个方面。

1. 实地调研机制

各地在政府文化行政部门指导下，以文化馆（站）为主体，组织力量进社区、基层开展实地调研，灵活采取听、看、问、访等方法，具体了解品牌宗旨、设计思路、实际效果、群众口碑等，全面掌握社区公共文化品牌的创建和运行情况。

2. 平台交流机制

搭建优秀社区公共文化品牌展示交流、竞赛评比的平台，可以让各种优秀品牌在同一平台上展示展演，让全社会参与优秀社区公共文化品牌的评选或鉴定。这一遴选机制，既体现了公开、公平、公正，也能让那些来自最基层的真正得到基层群众喜爱的优秀社区公共文化品牌脱颖而出。

（二）优秀社区公共文化品牌推介、传播平台的搭建

各地有必要加强推介、传播优秀社区公共文化品牌的平台服务。一是根据各地实际情况，建立周期性的或常设性的社区优秀公共文化品牌评选发布和宣传推介平台；二是建立政府重点采购优秀社区公共文化品牌产品和服务的机制、制度与平台；三是以扩大典型引路、示范带动效应的方式，建立优秀社区公共文化品牌的引领机制与交流平台；四是发挥各地文化馆（站）社区公共文化服务网的作用，运用网络手段宣传推介当地知名的社区公共文化品牌，将优秀社区文化品牌纳入公共文化产品和服务"菜单式"供给范畴。

（三）优秀社区公共文化品牌脱颖而出的社会大环境营造

各地政府及文化行政部门有必要对在社区公共文化服务中作出突出贡献的重点品牌给予奖励和表彰。对获得政府奖励和表彰的优秀社区公共文化品牌，运用广播、电视、报刊、网络等媒体手段，扩大宣传推介。鼓励和支持各类媒体对优秀社区公共文化品牌进行深度宣传报道，传播好的经验和做法。鼓励举办相关研讨会，研讨和传播社区公共文化品牌创建的先进理念和方法。各地政府文化行政部门、文化馆（站）还可以定期或不定期地举行覆盖本地的优秀社区文化交流、展示、展演活动，广泛引导社区群众认同、接受优秀社区公共文化品牌，参与品牌性社区文化活动。

第五节　社区公共文化自我发展能力的引导与扶持

一、社区"自办文化"的基本性质

(一)社区是"自治组织"

从社会组织学的角度看，社区属于自我管理、自我教育、自我服务的基层群众性自治组织，政府对社区是"给予指导、支持和帮助"①的工作关系。社区组织和群众对于社区公共文化建设具有较大的自主性，其中社区组织承担着按照社会主义核心价值体系的建设要求，维护社区居民基本文化权益、开展多种形式的社区公共文化活动的重要任务。

(二)"自办文化"是社区的基本职能

社区公共文化建设本质上应当作为社区这一"自治组织"的一种职能，社区组织应当承担起社区公共文化建设的主体责任。社区"自治组织"的基本特点，客观上决定了社区"自办文化"应当作为社区公共文化服务的重要内容。所谓"自办文化"，主要是指社区组织可以自主选择针对本社区的公共文化产品、服务方式、活动形式；社区群众可以自主选择文化活动方式。但是"自办文化"不等于"放任自流"，各地政府在建设社区公共文化、保障和实现社区群众基本文化权益、满足社区群众基本文化需求方面承担着重要责任，地方文化行政管理部门、文化馆(站)肩负着指导、引导、帮助社区公共文化发展的重要责任，社区党组织也肩负着社区公共文化建设的领导和指导责任，有义务帮助社区组织在公共文化服务中更好地体现社会主义核心价值体系的"引导"作用。

(三)社区公共文化建设重在"造血机能"

现阶段我国社区文化建设存在诸多薄弱环节，主要是定位不清、设施不足、资源稀缺、人才匮乏、资金缺乏等，导致社区公共文化服务"造血机能"较弱。由于"造血机能"不足，社区组织自身在社区公共文化建设中应有的"自办文化"功能未能得到有效体现。针对这一具有普遍性的现实情

---

① 参见《中华人民共和国城市居民委员会组织法》第二条。

况，面向社区加大"要素支持"是当前我国社区公共文化建设更为现实的手段。"要素支持"是指各地在政府支持下，由文化行政部门、文化馆（站）面向社区提供社区公共文化建设所必需的人才、资金、技术、培训、信息等要素支持，提升社区组织自我开展公共文化服务的能力。

二、社区公共文化的自我管理与自我发展

(一)指导社区组织有序管理公共文化

各级政府文化行政部门、文化馆（站）、社区公共文化工作者，有义务帮助社区群众了解社区文化建设的特点和规律，切实帮助社区群众掌握社区公共文化建设的知识和方法，切实帮助社区群众建立有序发展社区公共文化的基本框架，包括：指导社区组织建设和完善社区公共文化服务设施，帮助社区组织安排社区公共文化服务项目，协助社区组织组建社区公共文化骨干团队，为社区组织培训社区公共文化管理和服务队伍。这些指导工作的最终目的是培育和提高社区组织管理和运行公共文化服务的能力。

(二)尊重社区群众文化创造才能

社区自身拥有的群众文化艺术团队和人才，是社区公共文化服务的珍贵资源，是社区"自办文化"的重要依托。要认真调查、发现、引导社区优秀群众文化艺术团队和人才，真心实意地尊重和帮助社区群众文化艺术团队和人才开展活动，包括：想方设法为社区群众文化艺术团队、人才开展活动和创作提供必要的场地设施条件，为社区群众文化艺术团队和人才的成果展览展示展演安排场地，为社区群众文化艺术团队举办的积极健康的社区文艺活动提供相关设施设备支持，为社区群众文化艺术团队中的骨干提供培训学习机会，为社区群众自创的文化艺术品牌提供推介和传播服务，为社区群众中的优秀民间技艺提供展示交流服务等。

(三)依靠社区群众发展社区文化

社区"自办文化"的长期健康发展，有赖于社区群众的热情支持和参与。要着力引导社区群众关注和参与社区公共文化建设，发动社区群众为社区公共文化建设积极出谋划策，培育和扶持社区群众自我参与公共文化服务发展的能力，尊重社区群众对本社区公共文化服务的选择和评价。可

灵活采用以下几种方法：一是定期以座谈会的方式，向社区群众汇报工作，征求社区群众对社区文化建设的意见；二是结合实际举办面向社区普通群众的文化艺术知识普及讲座，普遍提高社区群众文化艺术素养；三是精心设置文化艺术学习体验场景或组建兴趣小组，吸引社区群众参与；四是注意倾听居民"口碑"，注重特殊群体的个别访谈，既了解大众需求，也关注个性化诉求。

三、"授人以渔"，支持社区"自办文化"

（一）社区群众"自娱自乐"

社区群众"自娱自乐"是指社区群众以自我选择的方式开展文化娱乐活动。社区群众"自娱自乐"是社区公共文化服务的重要补充，对这一活动形式，社区组织一是要认真观察分析，对实际开展的活动是否积极健康作出基本判断；二是要对积极健康的"自娱自乐"活动予以大力支持，对于包含不健康因素的活动要及时加以引导和纠正。社区组织要着力营造鼓励和支持社区群众开展积极健康"自娱自乐"活动的文化氛围和环境，帮助社区群众改善和提升"自娱自乐"的设施设备和技术条件。

（二）社区群众"自编自演"

社区群众"自编自演"是指社区群众文化艺术团队或个人自主开展文艺创作、编排和演出活动。社区群众"自编自演"有利于推动社区文艺创作，也有利于繁荣全社会文化产品的生产供给。从实际情况看，社区群众"自编自演"最缺乏的要素是艺术指导和设施设备，社区组织应当在各地文化馆（站）的支持下，尽可能为社区群众"自编自演"提供必要的艺术指导，尽可能帮助社区群众改善和提升"自编自演"的设施设备和技术条件。

（三）社区群众"自创自办"

社区群众"自创自办"是指社区群众自发创办文艺团队、兴趣组等。社区群众"自创自办"有利于丰富社区群众精神文化生活，提高社区群众自我满足文化需求的能力。社区组织应当积极引导和帮助社区群众创办有利于社区公共文化服务开展的各种文化艺术组织；应当主动协调有关政府部门，改善和优化社区群众"自创自办"的政策环境；在条件许可的情况下，社区组织还可以扩大对社区群众"自创自办"的人才、资金和设施设备的支持。

第六节　社区公共文化中的数字网络技术运用

一、数字网络技术背景下的社区公共文化服务

(一)数字网络技术对于丰富社区公共文化服务的作用

数字网络技术通过改善技术环境和技术手段，起到丰富社区公共文化服务的作用，具体表现在三个方面：一是数字网络技术丰富了社区公共文化服务内容的采集手段，便利了采集方式和渠道，扩大内容的采集面，实质性地拓宽了公共文化服务内容的来源；二是数字网络技术丰富了社区公共文化服务内容"菜单式"、"交互式"供给手段，优化了内容发布和传播渠道，便利了社区自主地获取所需的文化内容；三是数字网络技术拓展了社区公共文化服务的领域，数字内容服务日益成为社区群众的新宠。

(二)数字网络技术对于改进社区公共文化服务方式的作用

在数字网络技术发展的带动下，文化信息服务成为社区公共文化服务的新领域。数字网络技术丰富了社区群众的阅读、观赏方式，电子阅览、数字影院成为社区公共文化服务的新形态，社区公共电子阅览室、社区数字图书馆、社区公共数字文化馆、远程社区教育等新的服务方式正在不断涌现。在未来的发展中，数字网络技术还将进一步以随时随地的方式，方便社区群众进行公共阅览、影视观赏、艺术鉴赏等。

(三)数字网络技术对于提高社区公共文化服务效率的作用

数字网络技术降低了社区公共文化服务内容采集、整合和传送成本，提高了运行效率。数字网络技术有助于帮助社区群众随时随地方便快捷地接受公共文化服务，扩大了社区公共文化服务的覆盖面和到达率，也大大降低了社区群众的时间成本、交通成本和精力成本。数字网络技术提高了社区公共文化服务集成化管理、规模化运行能力，提高了全社会公共文化服务资源的共建共享水平和运行效率，并且持续降低了社区公共文化服务体系整体的运行成本。

二、当前数字网络技术在社区公共文化服务中的应用

(一)社区电子阅览室

社区电子阅览室是为社区群众通过互联网络及终端设备进行阅读、观赏的社区公共文化设施。社区电子阅览室提高了阅读资源提供的即时性和互动性，也提高了社区群众阅读的自主性和便利性。社区电子阅览室有利于扩展社区群众的阅览空间，丰富社区群众的阅读方式，特别是更加适应广大社区青少年阅读方式转变的现实需求。

(二)全国文化信息资源共享工程社区服务终端

全国文化信息资源共享工程在社区的服务终端，是面向社区群众开展各类文化信息服务，帮助社区群众获得丰富数字文化资源的社区公共文化服务设施。全国文化信息资源共享工程对于社区公共数字文化服务而言，是基础工程、主干工程和民生工程，有利于消除社会数字鸿沟、改善社区基层群众运用数字网络技术获得文化信息的环境。全国文化信息资源共享工程在理论和实践上基本实现了社区群众共享全国文化信息资源，提高了社区群众公共文化服务的均等性和便利性。

(三)各地文化馆(站)社区公共文化服务网站建设

文化馆(站)社区公共文化服务网站是社区公共文化服务的指导、交流、展示、传播的重要支撑平台。文化馆(站)通过社区公共文化服务网站建立起与辖区内各社区的公共文化服务互动机制，面向社区提供内容支撑、艺术指导、队伍建设、品牌建设、课题研究等专题服务，同时也为各社区优秀文化服务内容或项目提供展览展示服务。文化馆(站)通过社区文化服务网站建立起与辖区外相关资源的互动机制，介绍和展示各地社区文化服务特色经验和成果，同时也向各地展示和推介本辖区优秀文化服务项目。

三、运用数字网络技术提高社区公共文化服务能力

(一)运用数字网络技术改进社区公共文化资源供给方式

运用数字网络技术推进社区公共文化资源单向生产供给转变为多向、交互供给，消除了社区与社区之间的信息壁垒，推动了社区之间公共文化

资源的共建共享。运用数字网络技术改善了社区的公共文化信息获取环境，提高了信息的公开化、透明度和即时性，有效促进了公共文化资源供给方式从单纯产品供给转变为产品与信息、要素供给相结合，从单一"授人以鱼"的给予转变为与"授人以渔"的能力支持相结合，从社区群众被动接受转变为自主选择。

(二)运用数字网络技术提高社区公共文化服务运行效率

运用数字网络技术，能够推动社区公共文化跨地区、跨领域资源"共享性"的不断深化，逐步在公共文化服务的各环节、社区公共文化艺术的各门类中展开，可以大大提高社区公共文化服务的丰富性和运行效率。运用数字网络技术，能够推动地区性、区域性和全国性社区公共文化服务"均等化"，逐步消除不同人群的公共数字信息鸿沟，逐步缩小不同地区的公共文化内容差距。运用数字网络技术，还能够推动社区群众享受公共文化服务的"便利性"不断改进和提升。

(三)"云计算"技术在社区公共文化服务中的应用

"云计算"技术应用对于改进社区公共文化硬件设施利用方式具有革命性作用，可以在专业技术服务机构的支持下，大大提高资源利用效率和即时服务效能，在此基础上，有效简化各社区硬件设施配置，节约成本、优化内部管理。"云计算"技术应用对于改进社区公共文化资源采集和传输运行方式具有突破性作用，可以在一定的技术规范支持下，实现公共文化资源的随时随地采集、筛选、整理和传输，大大提高公共文化资源建设效能。"云计算"技术应用对于提高社区公共文化服务体系的管理运行效率具有基础性作用，不仅有助于推进基础设备的集成利用，也有助于完善管理信息的采集、反馈以及即时状况评估等。

【本章小结】

本章围绕阐述社区公共文化服务的主要内容，概述了社区群众基本文化需求调查研究的基本方法，分析了社区公共文化资源供给的主体、方法和路径，梳理了社区公共文化人才队伍建设的特点和种类，分析了社区公共文化品牌塑造以及推介和传播的基本方法，研究了社区公共文化自我发展能力引导和扶持的方法和措施，并简要介绍了社区公共文化中数字网络技术运用的特点和思路。本章重在对社区公共文化服务的内容有一个全面的和较为深入的了解。

【思考题】

1. 社区文化资源供给主要有哪些主体和渠道？

2. 如何创建和提升社区文化品牌？

3. 为什么要支持社区"自创自办"、"自编自演"？

4. 在社区公共文化服务领域运用数字网络技术有哪些重要意义？

【推荐阅读】

1. 叶南客. 都市社会的微观再造——中外城市社区比较新论[M]. 南京：东南大学出版社，2003.

2. 杨贵华. 自组织：社区能力建设的新视域——城市社区自组织能力研究[M]. 北京：社会科学文献出版社，2010.

【参考文献】

1. 王辉，潘允康. 城市社区研究［M］. 天津：天津人民出版社，1997.

2. 胡俊娟. 社会工作心理学[M]. 北京：中国轻工业出版社，2006.

3. 叶辛，蒯大申. 上海文化发展报告(2008)：共建共享和谐社区文化［M］. 北京：社会科学文献出版社，2008.

第三章 社区公共文化服务运行机制

【目标与任务】

全面了解社区公共文化服务的运行机制，理解和掌握核心价值引导机制、社会力量参与机制、公共财力采购机制、资金保障机制及运营管理机制的重要性与基本方法；能够在公共文化服务运行过程中运用上述机制和方法。

第一节 核心价值引导机制

一、社区公共文化的主流价值引导

（一）社区公共文化与主流价值的一致性

1. 主流价值通过合适载体表达和传递一般规律

按照人们通常的看法，世上所有事物都具有两面性，事有矛盾才为事，物无阴阳不为物。因此对同一事物作出不同的价值判断完全正常。但社会大众对同一类事物的不同价值判断会有倾向性取舍，即会赞成或肯定一种，而反对或否定另一种。当一种价值判断成为多数人的通行看法时，便形成了社会的主流价值观。作为具有中国特色的社会主义国家，经过经年累代的长期发展，就形成了具有自身鲜明特点的主流价值观念，如共产主义理想、爱国主义精神、社会责任感与奉献精神、尊重中华民族文化传统等。

主流价值作为一种观念性的存在，它具有必须通过合适的载体才能表达和传递的一般规律。通常情况下，表达和传递主流价值的基本载体主要包括家庭、学校和社区等若干方面。家庭通过家长和长辈的言传身教、身体力行，会对成长中的家庭成员带来最直接的主流价值教化影响；学校则通过具体的知识素养传播、德行教育培养，给受教育者带来事关主流价值形成的耳濡目染的影响；而社区生活，特别是社区公共文化服务，则通过社区居民群众喜闻乐见的诸多公共文化服务活动载体，包括主动读书看报、观赏文艺演出、参与文艺创作、鉴赏展览展示、接受文化艺术培训、参加文体健身活动等，以春风化雨、润物无声的方式，来传递和表达特定的主流价值观念，从而感染、教化和影响人们的思想与言行。假如离开鲜活的活动载体和喜闻乐见的表达方式，而直接以空洞教条的办法向社区居民群众进行主流价值灌输说教，往往不能起到有效表达和传递主流价值的作用。

2. 政府主导的社区公共文化体现主流价值的必然性

社区公共文化，是具体国家上层建筑、具体民族联合体及具体执政党阶层承载主流价值的最基层载体，因此由政府主导的社区公共文化在日常服务运行中，具体地体现和反映代表国家意识形态内涵的主流价值就具有客观必然性。我国作为中国特色社会主义国家对此也不能例外。

首先，从社区公共文化的核心内涵来看，它是在中国各级政府主导背景下，经由中央和各级地方政府，向分布于全国不同省市区的城市、农村及众多社区居民群众提供的基本性公共文化产品和服务。这些公共文化产品和服务，因为是深受全国各地数以百计、千计、万计、亿计的广大社区群众所欢迎的和必需的，蕴涵着世界文明成果、中华历史文化精华、中华民族共同理想和中国共产党集体智慧的思想精髓，所以社区公共文化与主流价值在核心内涵等方面具有一致性，因而它必然要体现国家倡导的主流价值。

其次，尽管社区公共文化与主流价值在本质上具有一致性，但是二者的表现形态和存在方式有着明显的差别。主流价值往往更主要地表现为对特定理想信念、价值取向的高度化、理论化概括。社区公共文化则往往是借助于鲜活多彩的文化活动，借助于社区群众的广泛参与，通过丰富多样的外在物质形式和简明深刻的思想内涵演绎，全面反映和普遍表现于文化服务主体和文化服务客体中的。这就意味着，社区公共文化与主流价值存在着相辅相成、辩证统一的关系。

我们可以说，社区公共文化是主流价值最基层、最鲜活、最物化、最外在的表现形态之一，主流价值必须通过社区公共文化的一系列具体生动的载体来表达、来传播。如果主流价值能够以遵循"贴近生活、贴近现实、贴近群众"的"三贴近"原则，在社区公共文化服务的运行中获得宣导、传播和弘扬，就能够赢得最广大的社区居民群众的理解和认同。反过来，如果主流价值脱离了社区公共文化服务这个基层运作传播方式，则就会被其他一些散乱化、碎片化、无序化的非主流思潮所肢解破坏。如果任由这种不良现象自由发展，势必会给国家的稳定、民族的团结及政权的巩固等带来非常严重的后果。

3. 社区公共文化是体现和实现主流价值的重要渠道

社区公共文化的运行特点主要有：它主要是借助政府主导、社会参与等方式，针对广大社区群众提供基本的文化知识普及、先进文化传播、文化艺术鉴赏等文化产品服务，从而最终满足人民群众的精神文化消费需求，保障人民群众基本文化权益的实现。这表明，社区公共文化服务由于是直接将基层广大社区居民群众作为服务对象，并且承担着传播、宣传和弘扬主流价值的重任，所以它在客观上就成为了将居民群众与主流价值联系起来的纽带和渠道。多年来的相关社会实践证明，主流价值如果缺少了对社区居民群众喜闻乐见的各类公共文化活动载体的灵活应用，则其特定的思想观念就无法实现有效传递和完善表达。由于社区公共文化服务，从策划组织、活动安排到内容配送、延伸服务，自始至终是在政府主导关心下推动的，是社会方方面面力量广泛参与推进的，所以突出体现、展示和彰显国家及其执政党倡导的主流价值，就具有无可辩驳、毋庸置疑的必然性和合理性。换句话说，因为社区公共文化是由国家借助相关平台载体提供的基本性公共文化产品和服务，所以它必然要将国家倡导的主流价值贯穿到公共文化的生产、供应和服务的全过程中。同时，我们应当看到，主流价值也无法脱离社区公共文化服务这个最基本、最基层、最直接的重要渠道，它唯有借助这一渠道去直接服务于基层居民群众并与他们形成互动，才不会流于空洞说教，才不会成为无源之水、无本之木。

案例：河南省邓州市张楼乡大庄村村民自办文化引人谋正事①

河南省邓州市张楼乡大庄村文化茶馆坐落在湍河桥头，宽敞的两进院落里，摆着十几条石桌，院墙上张贴悬挂着图文并茂的茶文化招示牌、

---

① 周玮，桂娟，王珏玢. 基层百姓享"升级版"文化服务[N]. 新华每日电讯，2011-09-12.

"三理"教育"五字歌"、公民道德"三字经"、"八荣八耻"宣传版面以及科技信息发布小黑板等。后院刚落成的一座 3 层小楼里，设有图书室、文体活动室、棋牌室、多媒体室，供茶客们看书、娱乐、上网点击文化资源共享工程数据库。5 年前，茶馆老板娘孟贤爱和丈夫商议，在村里开个文化茶馆，得到了市文化局和乡政府的支持，不仅为茶馆配备了 VCD、电视机、远程教育接收设备等设施，还送来了 3000 多册图书，建起了图书室。"来这喝茶只收 1 块钱，看书、上网、看电视、听戏，全部免费，可聚人气了，每天都来百十号人。"孟贤爱说。常来喝茶的老陈告诉记者："庄稼人实在，看谁家种田收成好，就信谁的技术。来茶馆，除了喝茶、解闷，交流信息可是一项重要内容。村里的小勇，原来闲着没事干，自从在图书室看了些养殖书，就迷上了养鸡，现在养了两三千只呢。"

(二)社区公共文化服务对主流价值的承载和体现

1. 社区文化建设重在增进社区群众的幸福感

社区文化建设在全社会文化发展建设的整体序列中，其承担的作用在相当大的程度上具有超过企业文化、校园文化、军营文化及其他机构文化的特殊意义，因为居民群众在社区生活活动的时间要远远超过在企业、校园、军营及其他机构，他们接受的环境熏陶和耳濡目染也远较这些机构要丰富多样。由此可见，社区文化建设绝对不是可以得过且过甚至草率应对的。从社区文化建设的主要任务来判断，以鲜活多彩的文化创新实践、喜闻乐见的文化消费服务，来尽力丰富社区居民群众的业余文化生活，进而增进社区广大居民群众的幸福感，应当是其努力实现的目标。

案例：潍坊市奎文经济开发区搞活社区文化建设①

走在潍坊奎文经济开发区的每一个社区，见到的是完善的文化设施和文化活动场地。"社区有了图书室，居民们有了好去处。"鑫叶社区党委书记王心辉指着满满一屋子的图书，"以前，群众想学知识没地儿，现在图书室里政治的、经济的、文化生活的各类图书应有尽有，很多群众吃完晚饭就往这里跑。"为了夯实社区文化阵地，推动文明创建工作，经济开发区

---

① 郭保礼，王媛. 社区文化给力"两城同创"[N]. 潍坊日报，2011-06-15.

有效丰富和整合了社区文化资源，添置和改善了社区文体活动设施，使绝大部分社区都有了自己的居民活动中心、社区图书室、文化超市、绿色阅览室等文化活动场所，形成了未成年人特色教育基地、社会主义核心价值体系基地以及文明市民学校为一体的完整的社区文化阵地网络，使社区文化"点"更多了。该区分别为25家社区图书室配备了各种图书约10000册，针对各社区的特点专门定制了影像制品。这些音像制品和图书的添置，为进一步扩展社区居民的视野、丰富居民群众的生活发挥了积极作用。其中，育华学校还高标准建成了"文化超市"，配置了电脑和数千册图书，订阅了大量的报纸和期刊，精心制作了廉政文化版面，成为经济开发区社区文化建设的典范。

2. 社区文化建设重在营造精神家园

社区文化建设的主要目的在于为社区居民群众营造精神家园。社区公共文化服务是作为社区文化建设的一个极其重要的方面和一个开拓创新的方式而存在的。社区文化建设开展得好不好，社区公共文化服务质量的高与低，直接关系到社区居民群众能否借助丰富多样的社区文化生活来提升总体生活质量。这里需要强调指出的是，在社区公共文化服务的运行中强调主流价值对它的引导，并不等于排斥文化的多样性。文化发展的客观规律决定了其必然具备丰富性、多样性甚至复杂性的特征。在我国实行改革开放、建立社会主义市场经济体系、推进现代化进程、推动中国特色社会主义事业发展的宏大背景下，必然会引发社会经济成分、组织形式、就业方式、利益关系及分配方式出现"五个多样化"的社会嬗变态势。这一态势决定了先前计划经济时代具备的社区居民"单位人"特征，已逐渐被当下市场经济时代形成的社区居民"社会人"特征所取代。反映到社区文化生活方面，就表现为社区居民群众的文化消费需求、文化审美方式首先开始体现出多样化特点，进而开始带来对社区公共文化产品的生产、供应及服务提出多样化的要求。基于此，中央提出了"弘扬主旋律，提倡多样化"、力争实现主旋律与多样化实现有机统一的要求。"主旋律"反映到社区公共文化服务的运行上，就表现为要将"主流价值"引导贯穿始终，使之成为社区公共文化服务的"主心骨"。"多样化"反映到社区公共文化服务的运行上，则表现为要在确保展示和体现主流价值追求的"舆论导向"正确的前提下，鼓励社区居民群众文化创新热情、文化创造活力的释放和发挥。只有在社区文化建设和社区公共文化服务方面努力体现出主流价值传播宣传的社会效益最大化的同时，力争实现主旋律与多样化的有机统一，才有可能真正丰富社区文化生活、提升居民群众总体生活质量。

3. 社区文化建设着力与全社会文化发展同步

社区文化建设是社区公共文化服务最基层的源头活水之一，社区居民群众中间既蕴藏着能够促进社区文化建设开拓创新的文化生产要素资源，又体现着社区群众参与文化建设及享受文化成果的意愿和追求。有效地发挥这些文化生产要素资源及良好意愿追求的积极作用，是确保社区公共文化服务实现"贴近生活、贴近现实、贴近群众"的必要前提。这里需要指出的是，不管是社区公共文化服务，还是社区文化建设，主流价值对它们而言并不是外在添加、硬性介入的东西。我国作为社会主义国家，实行"人民群众当家做主"，主流价值必然体现着全国最广大人民群众的根本意愿。这种意愿是对全国各地无以计数的社区居民群众根本利益、共同理想的高度概括。相形之下，社区公共文化服务和社区文化建设，则是依托大量不同的、具体的社区，对体现人民意愿的主流价值在基层、在一线的形态化、外在化展示和呈现。在此过程中，尽管不同的地方社区、不同的居民群众群体，可能会以文化多样性的方式展示和呈现属于自己的个性化的东西，但是这并不妨碍他们在总体上展示和呈现主流价值所蕴涵的精神内涵。从此意义上来说，社区公共文化服务对主流价值在客观上具有或隐或显的承载功能和体现功能，社区文化建设则具有将主流价值融汇贯穿于社区居民群众文化建设实践全过程的客观需求。只有这样才能使社区公共文化服务与国家全社会文化发展实现协调同步、共行并进。

案例：上海市浦兴街道社区文化活动中心"问计于民"办文化

上海市浦东新区浦兴街道社区文化活动中心，近年来尤其注重在中心运营过程中实行"问计于民"的创新举措。他们首先通过每年适时向到中心参与文化消费的社区居民群众发放问卷的方式，及时征询把握社区居民群众的文化消费服务需求信息，然后从汇总梳理的信息中选定若干具有广泛代表性、普遍期待性和实际可操作性的需求项目，根据中心财力、物力及人力的实际，因地制宜地增设和开展这些文化服务项目。实际效果表明，这些新增文化项目的开设，既深受社区居民群众的欢迎，又丰富了社区文化活动中心的文化活动内容。

4. 社区文化建设重在体现社区群众的美好愿景和追求

社区文化建设的主体既是承担国家及地方管理治理职能的各级政府，更主要的是千千万万的广大社区居民群众。社区文化发展建设在形态和内容等多方面，集中地体现着广大社区居民群众的共同意愿、美好愿景和价值追求，并为社区公共文化服务提供最直接、最鲜活的实际支撑。与此同时，我们应当看到，社区公共文化服务既然是依托社区文化发展建设而存在的，那么它就注定是一项内容丰富、形态多样、任务艰巨、周期漫长的系统工程，而不是一项可以一劳永逸、一蹴而就的工作。社区公共文化服务既然是在社区实施的，则必然会将触角延伸到社区文化建设的各个方面。社区公共文化服务既包含了"自上而下"、"由外向内"的政府公共文化产品的供应和服务，又包含了社区居民群众依托社区文化资源、社区文化建设力量而形成的内生式文化生产和文化服务。显然，社区公共文化服务与社区文化发展建设之间存在着一种相辅相成、互动共赢、相对密切的有机关系。

5. 社区文化建设注重提高社区群众的认同感和凝聚力

社区文化建设与社区公共文化服务的总体目标可以集中概括为：旨在满足社区广大居民群众日益增长的精神文化生活需求，最大程度地保障和实现社区居民群众的文化权益，为社区居民群众营造值得信赖、值得依托的精神家园，增进社区居民群众对所属社区的归属感、认同感和荣誉感，促进社区居民群众"自由而全面的发展"，提升其总体的生活质量，增强其生存与发展的能力，进而增进社区居民群众对所属城市、乡村、民族、传统、文化及国家的归属感、认同感、荣誉感和自豪感。社区居民群众如果在相当大的程度上具备了这种归属感、认同感、荣誉感和自豪感，就会在言行举止上和各种社会实践上体现出十分突出的爱国主义情怀、集体主义精神和追求真善美的理想主义色彩，就会变得更加具有凝聚力和战斗力。从这一总体目标的实现效果来看，只有社区公共文化服务实现了对主流价值的充分承载和体现，并赢得了社区居民群众的欢迎和喜爱，社区公共文化服务才是持久的，社区文化建设才是卓有成效的。

6. 社区文化建设的魅力和境界

社区文化建设和社区公共文化服务的魅力和境界在于：第一，它们都是通过成功的、优秀的建设成效和服务成效，通过为广大的社区居民群众提供无以计数的文化参与机会和文化消费体验，进而使居民群众的文化热情得到自然释放、文化才干得到很好发挥；第二，它们都是通过思想内容丰富深刻、表现形态鲜活多样的文化生产、文化创新、文化消费和文化服务，从而使社区广大居民群众在实现对所属社区文化之理解认同的基础上，进而增强对全社会的认同感、归属感，增强社区居民群众的凝聚力和全社会的凝聚力。

（三）主流价值引导的路径与方式

主流价值因其内涵品质和形态架构所具有的深刻性和丰富性，从而在不同层面表现为不同的指向性特征。从人类文明这个最高层面来看，主流价值是人们对人类物质文明实践成果和精神文明实践成果最理性化、高度化、普适化的概括，它体现为对真善美、公平、正义、自由、民主、法制、诚信、人道、博爱、和平、安康、团结、和谐、富裕、幸福及生态文明等的追求。从国家民族这个次高层面来看，主流价值则是具体国家民族在充分吸取人类文明最高层面理性成果的基础上，因地制宜地结合自身长期发展建设实践的经验，经高度概括并达成国民普遍认可的基本共识的东西。以此来联系中国的实际，则可以说，"社会主义核心价值体系"就是我们主流价值中最为关键的东西。这一主流价值的基本内容具体表述为：马克思主义指导思想、中国特色社会主义共同理想、以爱国主义为核心的民族精神、以改革创新为核心的时代精神及社会主义荣辱观等。[①] 从社区文化这个基层层面来看，主流价值必然是在充分吸收上述两个层面主要理性内涵成果的基础上，经广大社区居民群众长期立足所属社区的文化发展建设实际，从而提炼概括出的既具有社区地域个性特征，又具有人类和国家主流价值特色的东西。其内涵中往往包括了诸如热爱社区、邻里和睦、敬老爱幼、团结互助之类的价值追求。

一般来说，社区公共文化服务可以通过主流价值引导来发挥以下三个

---

① 中央文献研究室. 十六大以来重要文献选编（下）[M]. 北京：中央文献出版社，2008：661.

方面的功能：一是人文关怀功能。它是以人为本理念、人道主义原则、珍爱和平、爱国主义、保护环境等思想在社区公共文化服务中的基本体现。它引导社区居民培养充实、美满、和谐的人文情操，使他们不断树立自由、博爱、和平、公平、正义、人道、互助等自觉意识。二是信念引领功能。即以潜移默化的方式引导社区居民群众树立正确的人生观、世界观和价值观，树立对国家和民族确立的发展道路和共同理想的坚定信念。依托舆论导向正确的社区文化娱乐活动，以寓教于乐的方式传播国家主流价值理念。三是知性教化功能。在以知识传播、文化水平提升及德性培育等为主要特点的社区文化素质教育活动中，主流文化价值将通过口耳相传、自我阅读和日常观览等润物无声的方式影响社区居民群众，以潜移默化的方式引导社区居民群众树立追求真善美、抵制假恶丑的自觉意识，鞭策他们在知识水平及道德素养等方面不断提升。

1. 主流价值的关怀功能在社区基本文化服务中的体现

最高层面的主流价值，因为具有最广泛的普适性，它基本上对成长于不同国家地区、不同社会制度、不同文化背景、不同宗教信仰的人普遍具有亲和力，所以在针对具体社区提供公共文化产品的供应和服务时，只要相关的产品供应、服务提供及活动安排不与此主流价值取向相违背，同时在形式内容上又具有群众喜闻乐见及引领时代风尚的特点，则必定会受到社区居民群众的欢迎。即使做不到喜闻乐见和引领风尚，一般也不会遭致社区居民群众反感和唾弃。在我国改革开放和现代化建设不断推进的背景下，全国不少一线城市的国际化水平不断提高，如北京、上海、深圳、天津等大型城市的许多社区，已经成为了许多"国际公民"置业入驻的社区。这些"国际公民"既有来自西方发达国家的，也有来自周边邻邦国家的。针对这些"国际公民"扎堆入驻的国际社区，实施主流价值引导的路径和方式就应当是：重点突出最高层面的主流价值，寻求社区居民群众对次高层面的主流价值的理解和宽容，形成具有国际社区特点的基层层面主流价值共识，最终将以人为本理念、人道主义原则、珍爱和平、爱国主义、保护环境等思想在社区公共文化服务中获得基本体现。

2. 主流价值的引导功能在社区文化娱乐活动中的体现

次高层面的主流价值，因为与具体国家及其所属的社会制度乃至意识形态直接相关，所以它的引导对象应当主要是其所属的国民。无疑，我们不能不加区别地、采取"一刀切"的路径方法，大张旗鼓地在国际化社区中宣导、推广这一主流价值，而只能选择性地传播和宣传这一主流价值。例如，在这一次高层面的主流价值中，往往有社会主义及爱国主义方面的内容。我们无法要求一些长期生活在北京或上海等某国际社区中的西方公民热爱社会主义，像中国公民一样地热爱中国。我们只能尽力求得他们对我们这方面思想情感及价值取向的理解和包容。同样，我国作为一个信仰马克思主义的无神论国家，我们也无法通过这种次高层面的主流价值引导，去影响一些来自其他国家和地区的"国际公民"改变自己的理想信念和价值取向。显然，社区公共文化服务在发挥主流价值引导功能时，最有效的做法是以寓教于乐的方式传播和宣导国家推崇的主流价值理念，努力将日常的社区文化娱乐活动与主流价值理念实现有机结合。

3. 主流价值的教化功能在社区文化素质教育中的体现

在以知识传播、文化水平提升及德性培育等为主要特点的社区文化素质教育活动中，主流文化价值将通过口耳相传、自我阅读和日常观览等润物无声的方式影响社区居民群众。应当看到，社区公共文化服务运营因为在客观上需要实施主流价值引导，所以不管是国际化社区、本土化社区、还是城市化社区、乡村化社区，其实都离不开对上述三个层面主流价值的引导，只是社区不同则侧重有别。主流价值并不仅仅局限在呈现理想信念、价值观念及道德律令这一个方面，它其实更具有直接关乎人的"自由而全面的发展"的引领作用，更具备为人解疑释惑、醍醐灌顶的"精神导师"作用。除此之外，主流价值更能发挥知性教化功能的作用，这一功能主要表现为：在以知识传播、文化水平提升及德性培育等为主要特点的社区文化素质教育活动中，主流文化价值将通过口耳相传、自我阅读和日常观览等润物无声的方式去影响社区居民群众。这一功能的实现，离不开社区公共文化服务科学有效的运行。所谓"科学有效"集中表现为以下特点：社区公共文化服务承载和传播主流价值时，并不是把主流价值向社区居民群众做简单的图解阐释和教条灌输，而是以自然而然的、"细雨润无声"的方式融汇在文化消费服务中。社区公共文化产品和服务本身与主流价值应当是有机统一、形神呼应的关系。因为基层层面的主流价值植根并生长于具体社区，所以它在所属社区中往往具有相当的普适性和普及性，它不仅能够启发并督促社区居民群众热爱社区、邻里和睦、敬老爱幼、团结互助，而且它还引领他们不断增强自身的科学知识素养、提升文化水平、培育良好的德性。

案例：江西奉新县注重社区文化道德教育①

江西奉新县以社区党组织为依托，牢牢把握文化道德建设的主动权，弹奏好文化道德教育多元化的"交响乐"，组织群众跳好和谐幸福的"圆舞曲"，积极创建和谐文明社区。在创建社区文化道德体系中，该县建立了资金保障机制和奖励机制，定期开展活动，落实活动经费，做到实报实销。目前已引导社区成立了社区宣传队、文化艺术团、社区义工队、社区巡逻队、社区书屋等十几个群众性组织。每年在社区群众中开展有特色的文化道德教育活动 2～3 次，2011 年开展的"社区善德榜"评选活动，从 8 万多居民中选出 90 名"孝老敬亲、爱岗敬业、见义勇为、热心慈善"等 10 个项目的社区善德明星。通过开展"爱我社区"演讲比赛、社区居民道德讲坛等活动，在群众自娱自乐中建立正确的审美情趣。3 年来，社区举办各类演讲会、恳谈会、讲坛 12 场，受邀居民群众达到 3000 多人。开展了群众性评选活动 15 次，参与投票的居民群众达到 6 万人次，评选出先进典型300 多人。社区文艺团体编排节目 56 个，先后在社区的大街小巷开展演出120 余场。

二、社区公共文化体现社会主义核心价值观的重要性与必要性

(一)当今社区文化层面的价值观问题

1. 社区面临的外部环境日趋复杂

社区面临的外部环境的日趋复杂化，是社区公共文化服务不得不面对的问题。改革开放 30 多年来，我国在取得中国特色社会主义事业发展巨大进步的同时，也不可避免地带来了一系列的社会问题。其中，在极少数人中间出现的价值观蜕变乃至在此基础上引发的道德滑坡，就属于这一系列问题中最值得关注的问题。因价值观蜕变，继而引发道德滑坡的现象在现

---

① 肖晓. 奉新力促社区文化道德创建：奏道德教育"交响乐"、跳和谐幸福"圆舞曲"[N]. 江西日报，2011-12-08.

实中并不少见。这里可以大致列举几类：第一是拜金主义甚嚣尘上，最为典型的例子如某卫视征婚类节目中征婚女赤裸裸的拜金言论，所谓"宁愿坐在宝马车上哭，也不愿坐在自行车上笑"；第二是道德沦丧、行为失范，如南京某市民好心搀扶摔倒的老太太，反被老太太告上法庭，判付巨额赔偿；第三是人道精神严重丧失、人性麻木不仁、人情离奇冷漠，如佛山"小悦悦事件"，18名路人对被汽车碾轧的小悦悦，竟然都假装没有看见，无心相救；第四是极端个人主义、无政府主义，如吉林省长春市两个高中生因打篮球发生纠纷，其中一个高中生竟然喊来家长砍断了对方双臂，最终致其死亡事件；第五是奢靡炫富、铺张浪费，如"郭美美事件"、天价月饼、天价豪华宴等；第六是诚信缺失、作假欺诈，如"豆腐渣工程"、食品药品造假、学术腐败等；第七是屡禁不绝的官员腐败等。上述林林总总的极端思潮和消极现象，在某种意义上是对各种腐朽的、错误的、落后的价值观的突出反映。这些多元价值观往往也会在一些社区居民群众身上有所体现。这意味着主流价值观进社区，势必会面临多元价值观的挑战。

2. 社区所处的市场经济环境日趋功利

市场经济环境的形成，使价值观认同容易受物质利益大小的影响，这难免会对主流价值观的认同带来冲击。在前文列举的诸种极端思潮和消极现象中，其中拜金主义、功利主义、物质主义及"一切向钱看"，是在我国发展社会主义市场经济过程中捎带出现的，其所产生的恶劣影响最为巨大。这一错误思潮和消极观念在一部分社区居民群众中也有体现，也在一定程度上影响着他们的日常言行。最典型的情况是，少数人待人做事完全以物质利益、功利目的作为指挥棒和风向标。这一价值取向同社区公共文化服务中体现和展示的主流价值观完全是南辕北辙、两相对立的东西。因此，在社区公共文化服务传播和宣传主流价值观的过程中，不可避免地会遇到这种功利主义价值观的冲击。如何做到"邪不压正"和"以正止邪"，是社区公共文化服务必须思考的问题。比如，我国在反腐倡廉方面，特别强调要管好党员领导干部的"八小时以外"。这个"八小时以外"的时间大部分与社区生活直接相关，社区生活成为考验党员领导干部是正还是邪的一个重要方面。可见，在社区文化层面，如何以主流价值观去应对并战胜多元价值观的冲击，是值得社区文化建设和社区公共文化服务认真思考的事情。

3. 满足社区文化需求的路径选择压力日益加大

改革开放和市场经济带来的文化消费需求的多样化，对体现主流价值观的文化内容和文化形态提出了更高要求。前文列举的几类错误思潮和社会乱象，均与极少数社会成员的价值观发生蜕变密切相关。社区是所有国家公民包括国家公职人员、自由职业者和其他各类社会成员赖以生存和发展的最基层生活环境与社会活动空间，也是他们或走向真善美、或走向假恶丑的起始地。一旦这些成员所生活的社区，在社区文化建设和公共文化服务方面存在着缺位或缺陷，进而造成其社区文化层面的价值观建构缺位、错乱甚至坍塌，必然会导致上述诸种错误思潮和社会乱象的滋生。上述情况表明，在我国实行改革开放、发展社会主义市场经济的背景下，全国各地无以计数的社区必然面临各种外来复杂因素的渗透和影响，原有的主流价值观也势必面临多元价值观影响的挑战。在社区所处的市场经济环境日趋功利，价值观认同容易受物质利益直接或间接干预的情况下，以社区公共文化服务去引导主流价值取向的压力必然会日益加大。社区居民群众构成的复杂性、社区外部环境影响的多样性，均在相当大的程度上，加大了社区公共文化服务满足社区文化需求的路径选择压力。这就要求我们，必须将社区文化建设与解决社区居民群众切身利益问题、与提供符合居民群众实际需求的公共文化产品服务、与主流价值观的人性化引导有机结合起来。

(二)体现社会主义核心价值观是社区公共文化服务的基本职责

中国特色社会主义性质，在客观上决定了我国社区公共文化服务必须以体现社会主义核心价值观为己任。党的十七届六中全会通过的《中共中央关于深化文化体制改革、推动社会主义文化大发展大繁荣若干重大问题的决定》明确指出："社会主义核心价值体系是兴国之魂，是社会主义先进文化的精髓，决定着中国特色社会主义发展方向。"全会还特别强调必须把社会主义核心价值体系融入国民教育、精神文明建设全过程，要把它融入党的建设全过程。要求把社会主义核心价值体系贯穿改革开放和社会主义现代化建设各领域，在全党、全社会形成统一指导思想、共同理想信念、强大精神力量、基本道德规范。

这里可以看出，"必须把社会主义核心价值体系融入国民教育、精神文明建设全过程"的提法，实际上等于在国家政策层面已经确定了社区公共文化服务必须以体现社会主义核心价值观为己任。其实，就在政府主导下开展社区公共文化服务的客观规律而言，体现和播布主流价值诸如社会主义核心价值体系，实属于顺理成章的事情。国民教育，以及事关思想道德和国民素质的精神文明建设，主要是通过学校、单位、家庭和社区等具体完成和实现的，其中社区承担和发挥的作用尤其突出。一个人从其呱呱坠地到成长成人，由起初的"自然人"逐渐演变为成熟的"社会人"，要历经几十年的"社会化"过程。这个过程的一半以上时间是在社区中度过的。因此，其有关主流价值的理解和认同，也主要是通过社区生活而习得领会的。对当今中国而言，其主流价值的最重要组成部分就是社会主义核心价值体系。

(三)社会主义核心价值体系有利于提升社区公共文化服务能力

1. 社会主义核心价值体系对于提高社区公共文化服务吸引力的作用

社会主义核心价值体系具有十分丰富的内容，以丰富多样的形态方式来阐释、演绎和传播这些内容，一定会发挥提高社区公共文化服务吸引力的积极作用。从"社会主义核心价值体系是兴国之魂，是社会主义先进文化的精髓"的逻辑判断来认识，社区公共文化服务的最高理性统摄，注定是我们国家所倡导的主流价值，即社会主义核心价值体系。社会主义核心价值体系源自对中国人民群众长期艰苦的物质文明建设实践和精神文明建设实践，是对这两方面实践成果的高度化、理性化概括。它绝对不是一个貌似"自上而下"、简单强加的东西。它在客观上具有提高和丰富社区公共文化服务能力与水平的内容潜质。有鉴于此，作为社区公共文化服务主体的政府主管部门、社会各种参与力量，有必要在具体推动社区公共文化服务运营的过程中，充分吃透和把握社会主义核心价值体系的基本内容和主要原则，并将其贯穿到文化生产、文化供应、文化服务和文化创新的全过程中。要努力结合社会主义核心价值观具有十分丰富内容的实际，力争用群众喜闻乐见的方式手段，以融汇科技创意和文化创意的平台载体与演绎手法，去阐释、演绎和传播这些内容。只有这样，才能从根本上提升社区公共文化服务的吸引力和影响力，才能更好地服务和引导社区居民群众。

2. 社会主义核心价值观对于增强社区公共文化服务感召力的作用

社会主义核心价值观客观上具备的科学性、人文性和合理性，对于增强社区公共文化服务的感召力具有重要作用。事实上，社会主义核心价值体系在内容方面的丰富性，完全超出了人们对其得出的概念化、抽象化的外在判断。关键是在社区公共文化服务运营中，主导方和运营方要懂得把握其内在规律，懂得以"三贴近"的形态方式来阐释演绎和细化传播这些内容，如此才能发挥提高社区公共文化服务的主流价值引导作用。社会主义核心价值观由于是在中国共产党和中华民族长期的艰苦实践基础上提炼概括出的，因而它具有科学性；又因为它突出强调以人为本、体现人民意愿，并且是与人类所强调的公平、正义、和平、人道等普适价值相吻合的，所以它又具有人文性和合理性。假如我们能将其科学性、人文性和合理性，充分融汇到社区公共文化服务中，就一定能增强社区公共文化服务的感召力。中国共产党作为世界上主张追求先进性的执政党，其成立后带领中国人民推翻"三座大山"、建立新中国、不断取得社会主义事业建设走向胜利的历史事实证明，其所倡导的主流价值特别是社会主义核心价值体系，是有深厚的群众基础的，同时也是具有强大生命力的。因而，将社会主义核心价值体系融入社区公共文化服务的能力建设和感召力建设十分必要。

三、社区公共文化服务体现社会主义核心价值体系的路径与方法

(一)蕴涵在社区公共文化产品中

1. 社区公共文化产品组织生产过程中的主流价值渗透

社区公共文化服务的运营必须借助于具体的文化产品来实现。文化产品不是空洞无物、索然寡味的东西，它必须在充满故事张力、情节线索、人物角色、活动场景、史实传承、典范宣扬、文艺鉴赏、知识传播及伦理教化等多方面要素的同时，最终要能给参与文化消费的社区居民群众一些思想的启发、信念的感化、品德的滋养及意志的鞭策。而这些"启发"、"感化"、"滋养"和"鞭策"，就是主流价值即社会主义核心价值体系应当给予的东西。

由于社区公共文化服务的主体是政府主管部门和社会参与力量，客体即服务对象是广大社区居民群众，所以在公共文化产品进入社区之前，政府主管部门和社会参与力量必须在公共文化产品的策划、组织、生产及供应等各个环节，充分考虑主流价值——社会主义核心价值体系相关内涵要素在其中所占的统摄地位和表现方式，同时还要考虑这些文化产品是否符合社区居民群众的真实需求、是否是他们所喜闻乐见的。因为需要兼顾这

两方面的因素，所以使得社区公共文化产品的策划、组织、生产和供应变得要求极高、挑战极大。

2. 社区公共文化产品数据库建设过程中的主流价值融入

一般来说，社区基本公共文化服务，主要包括保障社区人民群众读书阅报、听广播、看电视、从事艺术鉴赏、参与文化活动的服务。较为发达的社区公共文化服务，则会在此基本服务的基础上有进一步的拓展。无论是基本的公共文化服务，还是拓展了的公共文化服务，它们都要求既要能够满足社区群众的基本文化消费需求，又要能够较好地承担并完成反映和体现社会主义核心价值体系相关内涵要素的基本任务。为此，社区公共文化产品相关数据库的建设就显得格外重要。数据库建设的工作重点应当是：在保障文化产品的丰富多样性、可选择性的同时，必须充分考虑主流价值——核心价值观相关要素的融入问题。候选的、后备的准公共文化产品，是否能够正确地体现和反映主流价值观，是否在宣扬和体现与主流价值观相左的错误思想，这两点应当被视作相关文化产品能否成为公共文化产品，并被允许进入社区的一个衡量标准。凡是与主流价值观相抵触、相违背的，绝对不允许纳入社区公共文化产品数据库。

(二)凝聚在社区公共文化服务中

1. 社区公共文化服务主体的主流价值承载力

既然国家倡导的主流价值——社会主义核心价值体系需要在社区公共文化活动中获得灵活生动、自然而然的体现，因此，除了需要公共文化产品本身蕴涵社会主义核心价值体系的丰富内涵要素外，同时也需要作为社区公共文化服务主体的政府主管部门和社会参与力量，能够在一定程度上具备承载、展示、阐释、宣导社会主义核心价值体系相关要素内涵的能力。这就要求具体社区的公共文化服务运营部门的所有从业人员，必须首先具备基本理解领会社会主义核心价值体系主要内涵要素的能力，其次还需具备能够结合具体的社区公共文化服务运行的客观实际对其进行基本的阐释宣导的能力。社区公共文化服务主体对主流价值的承载力、影响力、体现力及感染力发挥得大小，直接关系到社区公共文化服务运营是否卓有成效。

2. 社区公共文化服务主体服务过程的主流价值影响力

社区公共文化服务主体，作为具有一定文化素养的专业人才，在进入社区公共文化服务岗位时，均接受过专业化的上岗培训。因此他们在针对社区居民群众提供相应的文化服务过程中，既有能力也有必要按照社区公共文化服务所确定的应当传播宣传主流价值的要求，适时为社区居民群众提供事关主流价值学习领会方面的解疑释惑服务，适时引导社区居民群众明辨事物的是非、善恶美丑，以此向社区居民群众自然而然地施加主流价值影响力。

3. 社区公共文化服务方式的主流价值感染力

社区公共文化服务在传播和宣传主流价值时，不仅需要提供的文化产品能够深得群众喜爱，更需要具体的服务方式能够顺应群众的文化消费审美习惯、文化娱乐社会心理。只有想方设法追求"以民为本"、真心服务群众，努力做到"三贴近"，才有可能在根本上增强主流价值的感染力。尽管社区公共文化服务大多是以公益性、免费式、低成本的方式提供给社区居民群众的，但是这也并不意味着服务方式可以在优质化及丰富性等追求方面大大缩水。社区公共文化服务在服务方式方面的不断创新和真心为民，无疑对于主流价值感染力的提升会有极大的促进作用。

4. 社区公共文化服务成效的主流价值体现力

社区公共文化服务成效的好坏，应当从两个方面去衡量：一是社区居民群众对其满意度的评价；二是对主流价值体现力高低与否的衡量。这两个方面应当是相辅相成、有机统一的，不能将其完全割裂开来。因为，仅仅追求单方面的社区居民群众满意度，而忽略了对主流价值的传播与宣传，则社区公共文化服务的真实成效就会大打折扣；反过来，忽略了群众的意愿和感受，仅仅单方面追求主流价值的传播与宣传，就有可能将社区公共文化服务变成简单化的政治说教。

(三)融注在社区公共文化活动中

1. 社区文化活动策划环节的主流价值融入

社区公共文化活动属于具有多重目的、且参与人员、参与要素相对丰富多样的系统工程。在社区具体文化活动的策划、组织、开展、进行等各个环节中，既有管理服务人员、策划主创人员的参与，又有展演组织人员、互动参与群众的介入，整个活动受时间、场所、人员、软件、硬件、流程、衔接及转换等多方面因素的制约。也正因为如此，在举办开展社区公共文化活动的整个流程和各个环节中，就必须树立以社会主义核心价值体系相关内涵要素为精神统摄的目标意识，最好是在活动策划组织的源头环节、高潮部分，即将社会主义核心价值体系相关内涵要素自然而然地融入其中，使社区居民群众和现场受众不感觉牵强生硬。

2. 社区文化活动组织环节的主流价值融入

社区公共文化活动是社区公共文化服务的基本载体和主要抓手之一。社区公共文化活动开办的目的之一在于活跃和丰富社区居民群众的业余文化生活，满足他们的精神文化消费需求；而目的之二就应当是在陶冶居民群众良好情操、提升其道德伦理素养、增强其科学文化素质的同时，将国家倡导的主流价值，如社会主义核心价值体系的相关内涵要素传播给他们，赢得他们的理解和认同。从表面上看，目的之二虽然是隐含在文化活动中的，但其重要性和必要性却非常显著、突出。为了确保主流价值融入社区文化活动并与之实现有机统一，特别有必要在组织社区文化活动的各个关键环节，以鲜活灵动的方式将主流价值相关内涵要素的演绎主动融入。

3. 社区文化活动交流展示环节的主流价值融入

社区公共文化活动的交流展示环节，通常是社区公共文化服务主体与客体进行近距离互动的环节，也是社区公共文化产品直接面向社区居民群众并接受其鉴赏评价的环节。如果能够充分将主流价值的传播和宣传巧妙地融入这些环节，切实发挥活动策划方、组织方、参与方甚至群众方的多方互动交流作用，借助文化活动自身具有的寓教于乐的功能，使广大社区居民群众对社会主义核心价值体系的相关内涵要素能够切实"入耳、入脑、入心"，进而实现化"价值观认同"为"理想信念"，化"理想信念"为"人生社会实践准则"，化"人生社会实践准则"为"个人的日常德性素养"，就能使社区公共文化活动的主流价值引导效应实现最大化。

第二节 社会力量参与机制

一、各种社会力量参与社区文化服务

（一）社会力量参与社区文化服务的领域

在通常情况下，人们习惯于将政府、企业、社会视为三种不同的组织架构和力量构成。在公共文化服务体系建设中，"社会力量"大多专指独立于政府以外的其他几种组织架构和力量构成，其中既包括国营民营企业公司、行业协会及民非机构等中介组织，同时也包括其他各种有志致力于社区公共文化服务的机构和个人。党的十七届六中全会通过的《中共中央关于深化文化体制改革、推动社会主义文化大发展大繁荣若干重大问题的决定》强调，要"发挥人民群众文化创造积极性。人民是推动社会主义文化大发展大繁荣最深厚的力量源泉。要牢固树立马克思主义群众观点，自觉贯彻党的群众路线，为广大群众成为社会主义文化建设者提供广阔舞台。广泛开展群众性文化活动，提高社区文化、村镇文化、企业文化、校园文化等建设水平，引导群众在文化建设中自我表现、自我教育、自我服务"。这里所说的"广阔舞台"，正是社会力量参与社区公共文化服务所必然涉及的一些主要领域，它们包括：社区文化艺术创作、社区群众文化素质教育、社区文化艺术活动、社区公共文化服务平台的建设运行及社区公共文化服务体系建设的技术支持等。参与的方式可以是人力、财力、物力、智力等多个方面的投入和介入。

(二)社会力量参与公共文化服务的渠道

社会力量参与公共文化服务的渠道主要包括以下几个方面：第一是政府采购渠道，即主要通过政府财政的拨款投入方式，要么去招标购买由各种社会力量提供的现成的文化产品和文化服务，要么定向委托社会上的文化公司企业按照政府确定的目标意愿生产和定制特定的文化产品、文化服务，要么由政府拨出专款全权委托相关的社会力量来承办运营社区公共文化服务建设事务。第二是协作共建渠道，即由社区公共文化服务机构与所在区域周边的一些社会力量组织机构建立必要的协作共建、资源共享关系，整合多方面文化资源参与社区文化产品和文化服务的配套供应。

(三)社会力量参与公共文化服务的制度建设

就目前我国公共文化服务体系的建设进程而言，社会力量参与社区公共文化服务尚处于启动探索、逐步尝试阶段，相关的制度建设也处于跟进草创阶段。不过我们必须看到，社会力量参与社区公共文化服务建设的需求和热情正在逐渐高涨。《中共中央关于深化文化体制改革、推动社会主义文化大发展大繁荣若干重大问题的决定》明确提出，要"积极搭建公益性文化活动平台，依托重大节庆和民族民间文化资源，组织开展群众乐于参与、便于参与的文化活动。支持群众依法兴办文化团体，精心培育植根群众、服务群众的文化载体和文化样式。及时总结来自群众、生动鲜活的文化创新经验，推广大众文化优秀成果，在全社会营造鼓励文化创造的良好氛围，让蕴藏于人民中的文化创造活力得到充分发挥"。按照中央的这一指示精神，社区公共文化服务运营如果要引入社会力量参与，就需要做好"搭建平台"、"整合资源"、"鼓励参与"等方方面面的工作，其中自然包括推进行业规范建设、服务标准建设和绩效评估建设等一系列制度建设。社区公共文化服务的目标指向主要是社会，社会力量的重要来源也主要就是社会，将社会力量纳入社区公共文化服务相关制度建设的过程中，就能够很好地反映和体现基层社区居民群众的真实意愿。

二、从事社区文化服务的专业化主体

(一)公共文化服务机构及配套机构的专业化建设

1. 加强专业从事公共文化服务的公共文化机构建设

从我国现有国情来看，由于文化发展建设存在区域之间、城乡之间的发展不平衡，因而公共文化服务机构作为文化资源要素也在区域之间、城乡之间存在着发展和分布的不平衡。目前存在的最大问题是，我国公共文化服务机构特别是基层公共文化服务机构，不仅在许多地区尤其是在老、少、边、穷地区尚未布点设置到位，而且已有的公共文化服务机构其专业化程度也十分欠缺。专业化水平的高低直接关系到公共文化服务运营是否能够实现科学化、有效化。这就要求我们必须通过文化专业人才队伍建设、文化服务机构标准化建设及制度化建设等，大力提升公共文化服务机构的专业化水平。显然，以专业帮扶业余、城市帮扶乡村的方式来推进专业化建设不失为一个好方法。《中共中央关于深化文化体制改革、推动社会主义文化大发展大繁荣若干重大问题的决定》指出，要"建立以城带乡联动机制，合理配置城乡文化资源，鼓励城市对农村进行文化帮扶，把支持农村文化建设作为创建文明城市基本指标。鼓励文化单位面向农村提供流动服务、网点服务"，"扶持文化企业以连锁方式加强基层和农村文化网点建设"。中央提出的这种"城乡联动帮扶"机制、"文化单位企业帮扶基层"机制的推广建立，无疑对于尽快提升基层公共文化服务机构的专业水平有极大的促进作用。

2. 促进专业领域公益性文化事业单位发展

公共文化服务机构不仅包括大型城市、省会城市、区县城市的市属公益性文化事业单位机构，而且也包括全国无以计数的城市街道、乡镇农村的公益性文化机构。如在北京、上海、天津、广州、深圳等大型城市，不仅有市级层面的公共文化服务机构，同时还有许多遍布街道乡镇的社区层面的公共文化服务机构。市级层面的公共文化服务机构大致包括图书馆、群艺馆、文化馆、博物馆、纪念馆、展览馆及美术馆等；社区层面的公共文化服务机构则主要包括社区文化活动中心、社区图书馆、社区文化室及更基层的文化活动室、农家书屋等。除此之外，还有许多代表地方文化艺术发展水准及本土特色的文艺院团，如芭蕾舞团、交响乐团、京剧团、昆剧团、越剧团、豫剧团、梆子戏团、花鼓戏团及黄梅戏团等，它们大多属于文艺专业领域的公益性文化事业单位。前述各类馆、站、中心和院团，是实现和完成国家公共文化服务的中坚力量，它们通过提供公共文化产品的配给、策划、组织、生产、供应和服务，来满足生活于不同社区的居民群众的精神文化消费需求。因此，对于这些公共文化服务机构应当在政策的制定、财政的保障、人才的培育等诸多方面给予大力的扶持和支持。

3. 扶持专业从事公共文化服务提供的社会服务机构

专业从事公共文化服务提供的社会服务机构，主要由社会力量举办的各类服务机构组成，它们大多以民间的、民营的、体制外的形式存在，基本可以分为三类：一是由社会力量举办的各种地方类歌舞团、民间戏剧团、杂技团、曲艺社、魔术队、电影放映队等，这类文艺院团大多具有一定的专业水准，也有不少具有"草台班子"的特点。二是由民间发起举办的、颇具特色的专题博物馆、主题展览馆、民间美术馆及民间纪念馆等。三是由社会力量、民营资本经办的各类文化经纪公司、文艺演出公司、文化会展公司等。上述三类机构通常是将基层群众作为主要的服务对象，也会在基本资质达标的情况下，主动参与政府文化产品及服务的招标购买，因此有必要扶持它们成为具有一定对口性和专业性的公共文化服务提供机构。

4. 支持为公共文化服务提供配套服务的专业机构发展

公共文化服务机构的日常化、有效化运作，既离不开机构自身的协调努力及开拓创新，又离不开相关配套性、生产性服务行业机构的专业化支撑。如为公益性文艺院团的文艺创作生产及文艺演出服务提供装备支撑、市场支撑的灯光音响企业、服装道具公司及文化经纪公司等，以及为图书馆、文化馆、博物馆、纪念馆及美术馆等提供数字技术服务的公司企业、提供图书、音像等产品配送的相关单位等，就属于提供相关配套服务的专业机构。对上述这些公司企业及相关单位的发展壮大提供必要的扶持和支持，就等于间接帮助和支持了公共文化服务机构的运营与发展。因为从某种程度上来看，这些提供相关配套服务的专业机构实际上就是公共文化服务机构的"衣食之源"，它们运行得是否卓有成效，将间接反映出公共文化服务机构运行的状况。

(二)专业从事公共文化服务机构的资质认证制度

1. 加强公共文化服务专业机构的执业培训

在当今中国社会呈现出更为明显的"五个多样化"发展趋势的背景下，广大社区居民群众既表现出对公共文化消费需求及审美方式的多样化，又表现出对公共文化服务充满着期望和期待。这就在客观上对公共文化服务机构提出了相当高的要求。长期以来，由于我国既有的公共文化服务机构，大多是沿用计划经济时代文化条线事业单位的原有架构，所以它们既缺少当今普遍通行的市场竞争及优胜劣汰的历练考验，又在规范化、标准化、科学化的运营发展水平方面亟待提升，这直接造成了相当多的公共文化服务机构专业化程度过低，服务能力不强，服务效果不佳。因此就特别需要制定公共文化服务专业机构的"行业准入"资质认证制度，全面加强对其相关人员的执业能力培训。

2. 实施公共文化服务专业机构的考核定级

针对公共文化服务机构，实行专业资质认证和相关从业人员的岗位执业能力培训，有助于逐渐增强这类机构及其相关从业人员的专业化、标准化、科学化和规范化，进而对提升公共文化服务机构全心全意服务社区居民群众的能力和质量起到极大的促进作用。为了确保公共文化服务机构坚持走专业化、标准化、科学化和规范化发展道路，特别需要政府文化主管部门建设相对完善的考核定级长效机制，促使公共文化服务机构树立追求上进、精益求精的自觉意识。与此同时，公共文化服务机构自身也应当针对机构内的各个岗位从业人员，开展旨在奖优罚劣的业绩等级考核，建立机构单位绩效优化目标管理长效机制。

3. 对各类公共文化服务专业机构实施绩效评估

绩效评估是引导各类社区公共文化服务机构实现良性运行和健康发展的有效手段之一，因此有必要在确保公正公平、相对透明、科学有效的前提下，针对各类公共文化服务机构实施跨年度周期性绩效评估。绩效评估必须确定科学合理、实事求是、具有可比性的指标评估体系，并且经由政府文化主管部门委托第三方来实施。绩效评估的重点和目的在于：针对公共文化服务机构的整体软硬件建设及实际运营情况，把握和衡量其优长之处和欠缺之处，借此督促和鞭策其发扬优点、整改不足，以期实现自身的建设运营上台阶。

(三)政府面向专业机构公开采购公共文化产品和服务的制度

资质认定和相关考核，只是公共文化服务机构及其相关从业人员走向专业化、科学化、规范化和标准化发展的第一步。与之相呼应的还有诸如公共文化产品和公共文化服务的公开招标采购制度等。由于公共文化服务机构的主管单位主要是政府，而政府对于公共文化机构的文化产品供应和文化服务提供，负有财政支持和导向把握的直接责任，因此由政府牵头首先组织多方面人士(包括文化专家、社区居民代表等)面向专业机构定期编制和发布采购目录，然后按照公开、公平、公正的原则，从若干应标专业机构中评审确定最符合要求的产品和服务供应商。在此过程中特别要注意发挥行业和社会监督的作用。目前，我国有关文化产品和服务采购的相关制度建设还处于探索发展阶段。

1. 面向专业机构定期采购目录的编制和发布

政府文化主管部门根据社区公共文化服务运营的实际需求，结合主流价值引导、传播和宣传的客观需要，组织具有最广泛代表性的编制队伍，编制和确定文化产品细目及文化服务目录，并定期向社会公开发布，力争吸引社会上各类专业性文化服务机构竞标参与。

2. 应标资料的公正评审

对所有参与投标的各类专业性文化服务机构送报的应标资料，均由最具权威性和广泛代表性的文化产品和文化服务评审委员会，以公正、公平的方式进行审核评议，从中评选确定最符合社区公共文化服务要求的中标机构。

3. 采购名录的公开公布

经评审中标的所有相关专业性文化服务机构的名单，将与中标产品及服务项目细目一起，经定期公示后向社会公开公布。

4. 采购程序的公开运行

公共文化产品和文化服务的采购程序，遵循公开运行的原则，反对暗箱操作及假公济私等不良行为。

5. 行业和社会监督机制

政府文化主管部门针对社区公共文化服务需求实施的政府招标采购，主张自觉接受文化行业协会、相关专业领域行业协会、社区居民群众等方方面面的广泛监督。

案例：浙江省台州市施行公益性文化项目政府采购制度①

浙江省台州市在推进公共文化服务体系建设的过程中，努力在文化产品和文化服务的供应方面开拓创新，建立了公益性文化产品和文化服务项目的政府财政采购制度，逐步使政府为基层群众提供公共文化服务成为一种常态。台州市适时编制发布《政府年度采购公益性文化产品和服务项目目录》，对农村数字电影、文艺下乡等公益性文化项目实行政府采购，直接将产品和服务送到农村。2007 年，台州市举行"文化下乡"项目政府采购招投标，吸引了省内外 10 家演出团体参加，6 家中标单位为台州农民送去了喜闻乐见的节目。

三、社区文化志愿者服务

(一)社区文化志愿者服务队伍建设

社区文化志愿者服务队伍建设具有十分突出的重要性和必要性。社区文化志愿者队伍建设，有利于按照社会主义核心价值体系的要求，把"奉献、友爱、互助、进步"的志愿精神渗透到社区工作全过程，有利于有组织、有秩序、规范化地开展文化志愿服务，也有利于丰富社区公共文化服务资源、提升社区公共文化服务能力。

公共文化服务离不开社会力量的广泛参与。在众多的社会力量组成中，社区文化志愿者服务队伍是一支不容忽视的力量，充分组织、动员、激发社会志愿者参与社区公共文化服务，具有十分显著的重要性和非常迫

---

① 中共中央宣传部文化体制改革和发展办公室. 文化体制改革经验 100 例[M]. 北京：学习出版社，2009：120.

切的必要性。第一，社区居民群众中蕴藏着大量有助于社区公共文化发展建设和日常公共文化服务运营的多方面文化资源要素，其中仅人力资源要素就包括不少离退休和任现职的文化艺术领域的专业人才，包括不少社会管理精英和知识型专家学者，更包括大量有志于参与社区文化发展建设的开明志士。第二，单凭政府主导和有限的社会力量参与来经办社区公共文化服务，不仅推进力度、发展空间、掌控资源有限，而且并不能完全顺应一些社区居民群众希望直接参与公共文化发展建设的现实诉求。通过组织动员社区文化志愿者服务队伍，既能够发挥社区居民群众的积极性和能动性，又可以有效地整合集聚、优化配置和充分利用众多分布于社会上的多种文化资源，尽可能使公共文化建设实现人尽其才、物尽其用。第三，组织动员社区文化志愿者队伍参与公共文化服务，可以在很大程度上将公共文化服务与社区居民群众的真实需求有机结合起来，因为社区文化志愿者来自社区一线，他们最了解社区居民群众的所思所想。在以往的社区公共文化服务中，政府主管部门作为公共文化服务的主导方，习惯于想当然、一厢情愿、"自上而下"地向社区居民群众提供公共文化产品和相关服务，其带来的直接结果就是：政府提供的文化产品和文化服务与社区居民群众的真实需求严重脱节。组织社区文化志愿者正好可以弥补这一不足。

1. 社区文化志愿者招募的一般规则

一般由当地文化行政主管部门制定符合本地实际的社区文化志愿者招募办法，并且面向社会公开招募。在特定社区，可以由社区管理者根据本社区的实际需求，组织社区内部的文化志愿者，就近便利地为本社区群众提供文化服务。

社区文化志愿者的招募和组织，必须坚持遵循社区公共文化服务建设一般规律的原则。这一总原则大致可以分解为以下两个具体原则：第一，坚持文化专业为主、非文化专业为辅的原则。因为文化发展建设不同于经济发展建设，文化除了有市场性和商业性的属性外，更有文化价值观和意识形态的属性，也就是说，文化发展建设有其不同于经济的特殊规律。基于此，在招募、组织从事公共文化服务建设的社区文化志愿者队伍时，就必须尽可能重点考虑优先招募那些有文化从业背景和经历的人士。第二，坚持体制内与体制外相结合的原则。在我国处于"五个多样化"社会发展趋势的背景下，除大量的文化人力资源集中在体制内的文化机关单位、事业单位、国营企业公司外，更有为数众多的文化人力资源分布在民营文化企业、自由职业者阵营、文化中介机构等多个领域。基于此，一方面必须通过体制内的条块协调、定向委派的方式征集专门服务基层、服务社区的文化志愿者；另一方面则需要面向全社会，针对体制外的文化专业人才开展招募活动。

2. 社区文化志愿者队伍的综合素质培训

社区公共文化服务具有一定的素质、专业或技术的要求，需要对有意从事社区公共文化服务的志愿者进行必要的培训。由于社区公共文化服务是一项专业性、科学性、规范性正在不断提高的文化专业工作，因此它对相关从业人员的综合素质要求也在不断强化。尽管在招募社区文化志愿者时已充分考虑了入选者的文化综合素质，但是文化志愿者的既有文化技能素养并不一定能够与社区公共文化服务的岗位要求完全相契合，因此，有必要在社区文化志愿者队伍入岗履职之前对其进行严格的综合素质培训或"岗位培训"。通过这些专业化培训，努力将社区文化志愿者的既有文化素质技能转化为实际履职岗位急需的工作能力。

3. 优秀社区文化志愿者的激励机制

为了弘扬社会志愿服务精神，推动社区文化志愿服务深入开展，需要形成有效的激励机制，包括荣誉性激励机制和政策性激励机制。

就我国当今一段时间的客观实际而言，社区文化志愿者尚属新生事物，尚处于起步发展阶段。为了大力扶持社区文化志愿者工作顺利开展、可持续开展，有必要在国家层面、地区层面和全社会层面营造有利于公共文化服务志愿者与社区文化志愿者大量涌现的良好氛围，特别需要尝试建立针对文化志愿者大量涌现的激励机制。如可以考虑建立以下政策性激励机制：第一是文化志愿者派出方，可在体制内文化条线对口单位，针对文化志愿者自愿"援疆"、"援边"等策划设置外派薪金补贴、后续职级提升、家属子女就业升学照顾等福利性奖励政策。第二是文化志愿者受用方，可在文化志愿者的住房、生活、探亲等多方面制定相应的配套政策。对于自愿在本地、本社区履行公共文化服务职责的文化志愿者，尤其是在读青年学生和离退休文化工作者，则应当设立奖励性"社区文化志愿者从业经历证"制度及"社区文化艺术指导专家荣誉证"制度。与此同时，还可以探索设置其他一些旨在激励和奖励文化志愿者的政策性和荣誉性激励制度。

(二)社区文化志愿者服务项目安排

社区文化志愿者的具体服务项目安排,是一项需要因地制宜、因时制宜、统筹谋划、"对症下药"的重要工作。在实施和推进这项工作的过程中,特别要注意协调好以下几方面关系:第一是协调好社区公共文化服务实际需求的满足与社区文化志愿者真才实学的发挥之间的关系;第二是处理好日常性、长效性公共文化服务与项目性、临时性公共文化活动之间的关系;第三是处理好专业性、技能型文化志愿者的活动项目介入,与一般性、普通型文化志愿者的日常工作参与之间的关系。从目前我国社区公共文化服务普遍存在的瓶颈来看,基层一线普遍缺乏具有专业技能特长的文化人才,尤其是老、少、边、穷地区公共文化服务和公共文化建设的总体水平较低。这就迫切需要公共文化服务和建设走在全国前列的相对发达地区,能够率先通过体制内的文化条线单位的"对口帮扶",特别是启动类似于国家文化部开展的"春雨工程"等相关项目,有组织、有计划地招募组建文化志愿者人才队伍,赴革命老区、少数民族地区、边远欠发达地区开展周期性的"文化对口帮扶"工作。这种文化志愿者对口帮扶工作的项目安排重点应当是:针对当地实际,以项目合作、创意启发、技术支持及人才带教等方式,扶持和帮助当地的公共文化服务建设上水平、上台阶。特别应当借助于外派文化志愿者在当地开展公共文化服务的专业性、技能性文化艺术指导,以及大量举办社区文化服务专题讲座培训等切实可行的做法,来帮助当地的公共文化服务尽快发展。

1. 社区基本文化服务项目的普通文化志愿者参与

普通文化志愿者,在文化专业技能、文化知识素养等方面可能相对欠缺,但他们并不缺乏主动服务社区居民群众、积极奉献社区文化建设的热情和精力,所以应当针对这一实际,尽力安排他们可以胜任的社区基本文化服务项目工作。

案例:陕西省榆林市尝试设置社区文化协管员见成效①

在城市建设和经济飞速发展的今天,作为政府的职能部门,如何发挥

---

① 任学武,等. 陕西省榆林市榆阳区 144 名文化协管带"火"社区文化[N]. 中国文化报,2009-08-26.

主动性，让社区文化活动有序开展起来，真正活跃基层群众的文化生活，是许多城市所面临的共同难题。陕西省榆林市榆阳区以政府出面招聘专职文化协管员的形式，改变了以往社区文化活动自发无序的状态。近一年来的实践表明，这一举措在满足城市居民休闲健身与文化娱乐需求的同时，促进了劳动就业，维护了社会稳定，还促进了社区文明程度的提升。据悉，这种由政府牵头聘用专职文化协管员的做法，在陕西尚属首例。为使社区文化建设落到实处，区政府从零就业家庭、"40、50"就业困难人员中招聘了专职文化协管员144名，每个社区活动点安排两名，实行劳务派遣，享受公益性岗位补贴和社会保险补贴。这些社区文化协管员经过技能培训，具体负责活动器材的管理和使用，活动人员的组织、服务，各种流行健身娱乐活动的传授推广，以及其他社会公益活动的开展。榆阳区政府还安排专项资金，为每个社区文化活动点配备音响、DVD 等活动器材，从人员、设备两方面保证了社区文体活动开展的长期性和规范化。

2. 社区文化艺术指导的专业性文化志愿者参与

专业性文化志愿者，大多具备相对丰富的文化专业领域从业经验，具有相对娴熟的文化艺术职业技能，因此应着眼于他们的长处，发挥他们志在社区、服务群众的积极性，尽量安排他们进入诸如艺术培训、艺术指导等相关的文化服务活动中。

案例：上海市实行社区文化艺术指导员派送制度①

作为上海市公共文化服务体系资源配送的重要一环的上海东方社区文化艺术指导中心，通过政府购买服务、社区"点菜"的"派送"形式，建设社区艺术指导人才的派送平台，让优质的文化指导资源走进社区、走向基层，使文化离广大基层市民越来越近，百姓的文化民生保障也落到实处。2010 年实现了指导员派送到全市已建的 158 家社区文化活动中心的全覆盖和指导员网上派送的全覆盖。在本市专业院团和社会各界的大力支持下，上海社区文化指导员已达 2300 多名，2010 年为社区派送指导员 25321 人次，涵盖了合唱、舞蹈、时装、美术、摄影、书法等 511 个社区团队，为

---

① 诸葛漪. 市社区文化指导员实现全覆盖[N]. 解放日报，2011-01-18.

社区创排节目达 2000 多个，辅导社区居民达 63 万人次，同时也涌现出了一批具有深厚艺术造诣、对社区辅导充满热情的优秀社区文化指导员。

3. 社区文化讲坛的高层次文化志愿者参与

高层次文化志愿者，大多是既具有十分渊博的科学知识素养，又具备相当浓郁的人文艺术情怀的高端专家学者。按照这类文化志愿者的特长和社区公共文化服务的实际需要，应为他们安排诸如给社区文化讲坛开设专题讲座等文化服务活动，借助专家的影响力，使社区居民群众广泛受益。

第三节　公共财力采购机制

一、政府面向全社会的公共文化产品和服务采购

(一)政府面向公益性文化事业机构的采购机制

作为社区公共文化产品和服务供给基本力量与骨干主体的公益性文化事业机构，是政府采购的主要对象。政府应定期公开发布当地主要公益性文化事业机构名录，并定期面向公益性文化事业机构招标采购社区公共文化产品和服务，逐步形成相关的程序、机制和制度。

我国目前的公共文化产品生产及公共文化服务供应，主要由公益性公共文化事业单位机构来承担和完成，它们是社区公共文化产品和公共文化服务供给的基本力量和骨干主体。如各类公益性图书馆、博物馆、纪念馆、展览馆、科技馆、美术馆、艺术馆、文化馆、文艺院团及宣教中心等。特别是与此直接相关的国家级、省会级公益性文化事业单位机构，大多具有接受政府为基层社区公共文化服务单位量身定做提供基本的公共文化产品生产、配送及服务的功能和潜力。基于此，政府文化主管部门有必要在充分掌握国家主流价值宣导需要及基层社区文化消费实际需求的基础上，一方面率先发布公共文化产品及公共文化服务的需求目录；另一方面公开发布主要公益性文化事业单位机构名录，以公开化招标、菜单式采购的方式，借助有计划的政府文化财政投入来采购社区公共文化产品和服务。与此同时，要在反复实践探索、不断调整完善的基础上，逐步确立政府面向公益性文化事业单位机构采购社区公共文化产品和服务的长效机制与制度。

(二)政府面向文化领域"转企改制"机构的采购机制

作为面向社区提供公共文化产品和服务重要力量的文化领域"转企改制"机构也是政府采购的重要对象。政府通过面向文化领域"转企改制"机构采购社区公共文化产品和服务，既丰富了产品和服务的来源，也对"转企改制"机构改革体制、转换机制形成积极的带动作用。

自党的十六大召开以来，中央进一步明确了我国文化发展建设的基本方针，即要一手抓公益性文化事业、一手抓经营性文化产业，实现文化全面协调发展。前者重在坚持公益性、基本性、均等性、便利性，满足群众基本文化消费需求；后者重在坚持以市场为主导、完善产业政策、调整产业结构、繁荣文化市场、不断做大做强，借助市场化手段满足群众多样化文化消费需求。为此，需要不断加强公共文化服务体系、文化市场体系及文化产业体系建设，加强非遗保护力度，鼓励社会力量参与文化建设。在此背景下，政府旨在满足群众文化消费需求的公共文化产品及公共文化服务的采购供应，如果仅仅局限于从公益性文化事业单位机构来采购供应，显然不能满足人民群众日益增长的精神文化消费需要。因此有必要将政府采购供应的触角网络延伸覆盖到"转企改制"的国营文化单位。由于"转企改制"的文化单位在文化产品生产和文化服务供应方面兼具市场性和公益性的特点，所以其产品生产和服务供应的多样性相对丰富多彩，在一定程度上能够满足社区居民群众的基本性和多样性文化消费需求。针对上述实际，政府文化主管部门有必要将社区居民群众的文化消费需求与转企改制单位的文化产品生产和服务供应，实现双向有机结合。在政府向转企改制文化单位定制采购产品服务的同时，还可以考虑以政府的指向性适度补贴、特定项目奖励及部分税费减免的方式，鼓励转企改制文化单位主动扩大公益性文化产品生产和文化服务供应的份额。在此过程中，要逐步探索确立专门针对国有转企改制文化单位开展公共文化产品及服务采购的特殊机制。

(三)逐步面向全社会的政府采购

现阶段作为面向社区提供公共文化产品和服务重要补充的社会力量，也应当及时纳入政府采购的框架之中。政府应通过建立采购机制，实施对全社会公共文化服务专业机构的引导和培育。

从公共文化服务和公共文化建设的巨大社会需求来看，仅仅依靠体制内的文化条块事业单位机构及国有"转企改制"单位，来满足全国所有社区居民群众对公共文化产品生产和公共文化服务供应的实际需求，显然在某种程度上有些"力不从心"。因此，非常有必要逐步将政府依靠公共财力采购文化产品和文化服务的覆盖面扩展到全社会。其实，公共文化产品生产和公共文化服务供应的许多资源、潜能、创意、要素和成果，是散布在民间、蕴藏在体制外的。这就特别需要各地政府群策群力地创造条件让多种多样的社会力量及社会资本投入和参与进来。政府文化主管部门要在把握主流价值导向的前提下，适时适度降低公共文化产品生产及公共文化服务供应的准入门槛，鼓励民营文化企业公司及民间文化中介机构等有所作为，发挥体制内文化事业单位及国有文化公司企业无法发挥的"拾遗补缺"、"穿针引线"的作用。同时，要尽量破除公益性公共文化产品生产和公共文化服务供应方面存在的国有一家垄断的局面，加大对全社会公共文化服务专业机构的引导和培育的力度，以开放性、创新性的发展理念，推进公共财力的文化采购工作冲破体制、机制、条块、部门及所有制等多方面的限制。

二、公开透明的公共文化产品和服务采购制度

(一)采购制度的制定和实施

公平、公正、公开的采购原则，采购制度的意见征询和听证，以及采购制度的试行和修改，是采购制度制定和实施的关键环节。

社区公共文化服务运行中的公共文化产品和公共文化服务的供应走公共财力公开采购之路，是今后公共文化服务体系建设的发展趋势。鉴于此，必须制定并实施一整套具有科学化、规范化、标准化、法制化和透明化的文化采购制度。这个制度的制定和实施既应当充分体现公平、公正、公开的采购原则，又应当充分体现社区居民群众的真实意愿，诸如执行采购制度和采购方案的意见征询和公开听证程序，以类似的方式来切实贯彻"以民为本"的原则。只有遵循了"三公"采购原则，才能确保政府文化采购不会变为少数既得利益集团假公济私、以次充好、损害群众文化权益的分肥凭借。只有充分尊重民意、广泛征求社区居民群众的意见，才能使后续的公共文化服务运行真正做到成效显著、受群众欢迎。中央领导同志指出："人民群众是文化产品的享有者，文化产品最终应由人民群众来评判。我们坚持把人民群众认可不认可、满意不满意作为评判文化产品质量的重

要标准，引导文化创作生产更好地贴近实际、贴近生活、贴近群众。"①事实证明，政府以公共财力开展文化采购最没有成效的做法就是：简单地"拍脑袋"采购、一厢情愿地"自上而下"硬性配送。因此，文化采购制度在制定之时就应当充分关注和吸收民意，同时还要对这一制度边试行、边修改。

(二)采购程序的设计和施行

采购程序的设计和施行，主要应关注和抓好以下几个方面：采购目录的编制，采购目录的发布，应标资料的专家评审，评审结果的公示，采购目录的正式公布，以及年度采购实施情况的绩效评估等。

公共文化产品和公共文化服务的采购要走规范化、科学化、法制化的道路，就必须在采购程序的设计和实施上预先对此有充分的研究和考虑。总体来看，这种讲程序、守规矩的文化采购程序要依次处理好以下几个关键环节：第一是采购目录的编制。采购目录的编制水平如何，直接关系到后续的采购工作质量，因此编制采购目录要严格防止政府文化主管部门单方面"拍脑袋"。为了确保采购目录编制的科学性和民主性，有必要首先建立由政府文化主管机构代表、文化产品生产及文化服务供应方代表、文化事业和文化产业研究专家学者代表、文化中介机构和行业协会代表及参与社区公共文化服务的居民代表等组成的"文化采购评审委员会"。第二是进行采购需求信息的征集、评审、听证及采购目录的编制确定及发布。"文化采购评审委员会"委托第三方，到基层社区广泛征集居民群众有关文化产品服务的相关需求信息，并根据收集汇总后的信息初步拟订文化产品服务采购目录，然后将此目录送交由委员会召集举办的、吸收了更多行业代表和居民代表参加的公开听证会讨论。最后在充分吸收各方意见的基础上编制确定采购目录并择期向社会发布。此外还要同期发布招标采购信息。招标采购信息主要包括对应标文化事业、企业单位的业务资质及履职能力等方面的要求，包括招标细则及评标程序等多方面的说明等。第三是评审并确定最后的中标单位以及向社会公示发布。评审过程须严格遵守公平、公正、公开的原则，对所有应标单位企业提交的应标材料要认真审核比

---

① 刘云山. 中国特色社会主义文化建设的实践探索和理论思考——在第六次中越两党理论研讨会上的主旨报告[J]. 求是，2010(20).

选，实行优胜劣汰，防止暗箱操作。最后将评审确定的文化产品服务采购名录和中标单位企业名录向社会公开发布。第四是对年度采购实施情况进行绩效评估，在此基础上适时调整、补充、修改文化产品服务采购目录，对完成文化产品服务采购定制任务良好的单位企业予以鼓励并给予下次采购的优先考虑，反之则予以诫勉。

(三)政府和全社会对采购的监督

公共财力面向全社会的采购行为，应置于社会公开监督之下。一方面，政府相关监督部门要做好监督工作；另一方面，要引入社会监督，确保采购信息公开发布，采购程序公开透明。

公共文化产品服务采购机制建设得好坏，既关系到社区公共文化服务运行效率的高低优劣，又关系到人民群众基本文化权益能否得到切实的保障和真正的实现。因此在建立和实施公共财力采购文化产品服务的相关制度机制时，特别需要同时跟进实施政府和全社会对这一制度机制的全程监督，具体包括对相关工作所有参与方责任履行的监督、对公共财力采购实际效果的监督。对于监督中发现的违反公开、公平、公正原则，涉嫌以权谋私、假公济私、暗箱操作的问题，以及导致社区公共文化服务运行效率低下和损害人民群众基本文化权益的问题，要及时给予查处纠正。

三、公共财力采购对社区公共文化服务的作用

(一)扩大了社区文化产品的供应渠道

公共财力采购是面向社会的采购，即面向所有专业院团、有一定资质的社会文化组织机构、民间文艺团体等，这样做的好处在于，有效地拓宽了社区文化产品的供应渠道。

公共财力采购总的发展趋势是，实现由体制内文化条线采购向体制外多向度采购拓展，真正做到完全面向全社会采购。当然公共财力采购不是漫无目的、没有基本门槛的采购。公共文化服务发展的科学化、规范化、标准化、专业化及法制化要求，在客观上对社会上所有参与公共财力采购的机构、单位和企业提出了相应的要求。比如面向文化专业行业的采购，特别是面向体制内的专业文艺院团和面向有一定资质的民间文艺团体的采购，就特别强调其专业性和规范性。显然，政府以公共财力来实施公共文化产品服务的招标采购，其核心目的在于拓展社区公共文化产品和文化服

务的供应渠道,更好地增强社区公共文化服务的运行效率,更好地满足社区居民群众日益增长的精神文化消费需求。

(二)提升了社区文化产品的供应质量

由于在公共财力采购中引入了竞争机制,因此提升了社区文化产品的供应质量,使社区群众能够欣赏到更高质量、更高水平的文化产品。

在以往单一化实施政府"自上而下"向社区计划配送公共文化产品服务的情况下,不仅社区公共文化服务的产品项目相对单一、选择余地十分有限,而且由于缺乏优胜劣汰的竞争性选择机制,从而导致社区公共文化服务效率不高,居民群众因缺乏文化消费选择空间而往往参与热情不高。在全力实施公共财力面向全社会采购公共文化产品服务的背景下,公共文化产品服务的供给方,势必会全力提升文化产品生产和文化服务供应的质量,社区居民群众也会随之在产品服务的选择方面获得更多的权益和机会。总之,在公共财力采购中引入竞争机制,将会在客观上提升社区文化产品服务的供应质量,使社区居民群众能够欣赏到更多高质量、高水平的文化产品服务。

(三)推动了文化事业单位的市场转型

改革开放30多年来,我国文化发展建设也经历了由社会主义计划经济时代向社会主义市场经济时代的转型和过渡。在此期间,文化体制机制改革及深化文化体制机制改革被逐步纳入了议事日程。党的十六大召开以来的近十年间,我国先后通过明确区分公益性文化事业和经营性文化产业、以集团化改革重新配置文化资源要素、实行"管办分离"及转变政府文化管理职能、实施大部制改革、推动具有经营性特征的国有文化事业单位"转企改制"等一系列有力措施,使文化发展建设领域适应社会主义市场经济成长、顺应社会"五个多样化"发展态势的能力显著提升。尽管如此,文化事业单位的体制机制深化改革依然有待推进到位。而公共财力采购制度的建立和实施,至少对各类公共文化机构的转型发展和改革创新起着积极的引导和鼓励作用。

1. 公共财力采购对文化事业单位转型的引导作用

目前,许多文化事业单位还保留着对以往"自上而下"式的公共文化产品服务计划配给的"路径依赖",在客观上不能适应"文化卖方市场"向"文化买方市场"的转型变化。显然,政府以公共财力招标来采购公共文化产品服务这一机制的建立，在本质上具有力促文化事业单位机构适应市场发展变化的"转型"推进作用。

2. 公共财力定向采购对推动文化事业单位机制创新的引导作用

公共财力采购机制的建立和实施，在相当大的程度上强化了公共文化服务机构的市场竞争意识。通过定期发布公共文化产品服务采购目录，评审确定中标机构，发布中标产品和机构名录，无疑会对各类公共文化生产服务机构起到直接的市场引导和发展转型作用。因此，作为公共文化服务机构，有必要审时度势、转变观念、开拓创新，在发展战略上努力做出逐渐顺应市场转型的自我调适。

3. 公共财力采购对社会力量参与公共文化产品和服务的鼓励作用

应当说，政府依托公共财力实行文化产品服务招标采购，在本质上等于拓宽了社会力量广泛参与社区公共文化服务的渠道，相当于为更多的社会力量参与公共文化产品生产和公共文化服务供应，创造了一个与体制内文化企事业单位机构同台竞争的机遇。这对于社会上各类文化产品服务提供机构具有一定的扶持和鼓励作用。

第四节　资金保障机制

一、公共财政为社区公共文化服务运行提供基本保障

按照目前通行的界定，公共财政是指国家（政府）集中一部分社会资源，用于为市场提供公共物品和服务，满足社会公共需要的分配活动或经济行为。以满足社会的公共需要为口径界定财政职能范围，并以此构建政府的财政收支体系。这种为满足社会公共需要而构建的政府收支活动模式或财政运行机制模式，人们通常称之为"公共财政"。公共财政的资金来源按照最通俗的说法，就是来自"纳税人的钱"。因此公共财政的运行，在本质上要实现"取之于民，用之于民"。将公共财政的一部分合情、合理、合法地投入到社区公共文化服务运行方面，既是国家和政府必须履行的基本职责，也是满足人民群众日益增长的精神文化消费需求的需要，更是国家民族提升思想道德素养、提高科技文化水平、应对国际上软实力竞争的需要。它实际上是政府本着为社会提供基本的公共文化产品服务而实施的一

种"政府转移支付"。党的十七届六中全会通过的《中共中央关于深化文化体制改革、推动社会主义文化大发展大繁荣若干重大问题的决定》明确强调，要"完善政策保障机制。保证公共财政对文化建设投入的增长幅度高于财政经常性收入增长幅度，提高文化支出占财政支出比例。扩大公共财政覆盖范围，完善投入方式，加强资金管理，提高资金使用效益，保障公共文化服务体系建设和运行"。全会提出的"保证公共财政对文化建设投入的增长幅度高于财政经常性收入增长幅度"，意味着今后社区公共文化服务运营的资金保障条件将会获得实际的改善。当然应当看到，由于国家公共财政的运行常常受资金总量有限和投入范围广泛等因素的影响，所以，中央政府和各级地方政府只能"量入为出"、"统筹兼顾"。一般来说，公共财政针对社区公共文化服务运行的基本需要，主要力图以财政投入在以下几个方面有所作为。

(一)公共财政保障社区公共文化基础设施建设

公共财政为社区公共文化服务基础设施建设、必要设备购置及设施正常运行提供经费保障。社区公共文化服务运行，离不开具体的场馆、设施、设备、装备及平台等物质硬件的支撑。社区作为内部成员组织构成相对松散、资金来源渠道相对匮乏的社会最基本单元，通常情况下，根本无法通过自身的努力去完成社区公共文化基础设施的建设。因此，借助基本的公共财政投入，以量体裁衣、量入为出的方式为具体社区配套建设公共文化服务基础设施，同时提供必要的设备、装备购置并提供基本的开办运营经费保障，就成为政府义不容辞的责任。

(二)公共财政保障社区公共文化产品和服务供给

公共财力以公开采购方式为社区提供必要的公共文化产品和服务。客观地说，政府以公共财政投入来确保基层社区公共文化服务基础设施建设的完成，只是相当于完成了社区公共文化服务运行的硬件环节，至于与硬件环节相匹配的软件环节建设，也非常需要政府公共财政有计划地投入和可持续地支持。所谓软件环节建设，集中地表现为政府借助公共财政，以公开招标采购的方式，为社区提供基本的、必要的公共文化产品和服务。

(三)公共财政采用补贴、奖励等方式扶持社区公共文化服务

鼓励和支持社区特色文化产品和服务参与基金、补贴申报，根据社区公共文化服务绩效评估结果奖励优秀社区文化机构和个人。如果说，政府以公共财政投入来满足社区公共文化服务运行中的软硬件建设，具有一定的普惠性、基本性特点的话，则政府在此基础上适时适量地拨出一定的专项资金，以公开、公正、公平的原则，用以补贴和奖励一些特定的社区公共文化服务，也是非常必要的。显然，这种补贴奖励的目的在于扶持和鼓励具有较大成长前景、具有典型示范意义的社区公共文化服务。出于这一目的，政府文化主管部门需要鼓励具有突出特点的社区特色文化产品和文化服务参与基金、补贴申报，同时还要根据社区公共文化服务绩效评估结果的横向比选，适时奖励表现优秀的社区公共文化机构和个人。

二、政府鼓励社会资金资助和投入社区公共文化服务

不管国家和地方的社会经济发展是处于温饱、小康阶段，还是处于高度富裕发展阶段，社区公共文化服务的运营始终不可避免地面对如何实现长期的、健康的可持续运营的问题。一个事实是，即使国家和地方的社会经济实现了高度的富裕发展，如果社区公共文化服务运营还只是依托政府财政投入这个单一渠道，则要想真正实现可持续化存在一定的困难。因此，社区公共文化服务的运营必须尽力尝试开辟多元化、多样化资金投入渠道。从此道理上讲，政府文化主管部门，对于鼓励和调动各种社会资金参与社区公共文化服务，应当始终抱着欢迎和支持的态度。

（一）政府鼓励各类企事业单位支持社区公共文化建设

政府鼓励各类企事业单位以赞助等多种方式支持公益性文化建设。在社会主义市场经济蓬勃发展的宏观背景下，社会上陆续涌现出了一大批资金实力雄厚、有志于参与社区公共文化服务和建设的非文化类国有企事业单位，此外还有许多非文化类民营企业单位也对于以资金投入方式参与文化发展建设表现出了极大的热情。显然，不论是国有非文化类企事业单位，还是民营非文化类甚至文化类企业单位，在客观上都有主动履行社会责任的义务。对此，政府文化主管部门最迫切需要解决的问题是：应当尽快开辟和打通上述这些单位投入和参与社区公共文化服务建设的多种渠道（如文化活动项目的资金赞助、公共文化建设基金会的创设等），在体制上、机制上为它们营造热心公益文化建设的良好环境氛围。

案例：甘肃省嘉峪关市以企业社会多元投入推进文化工程共建①

近年来，甘肃省嘉峪关市逐步建立了以企业社会多元投入来推进文化工程共建的良好机制。在嘉峪关市政府的统一规划和主导下，全市形成了地方企业共建、社会广泛参与的文化投资氛围，大中型企业和驻嘉单位积极进行公共文化设施建设，酒钢集团公司、中核四零四总公司等企业先后投入资金，建设了水准一流、功能完善的嘉峪关体育馆、嘉峪关大剧院、英雄广场等大型精品文化工程。据统计，全市"十五"以来公共文化设施建设已累计投资 15.5 亿元，其中社会和企业投资就占到了 8 亿元。

（二）政府鼓励各种社会力量参与社区公共文化建设

政府鼓励社会组织和个人资助或捐赠社区公共文化建设。除上述拓展社会公共文化服务的资金保障渠道外，政府文化主管部门还应当鼓励各种社会团体、社会组织、中介机构和个人，积极以财力、物力资助或捐赠社区公共文化建设。在当今社会发展突飞猛进的基本态势下，以"第三部门"（非政府组织 NGO 和非营利机构 NPO）形式出现的社会团体、社会组织、中介机构包括民非机构（民办非营利机构）等，是整合社会中的文化资金、文化人才、文化装备等要素的重要力量。因此，有必要在积极扶持培育这些机构组织成长壮大的同时，尽力发挥它们整合积聚文化生产服务要素的"穿针引线"和"拾遗补缺"潜能，借此来进一步拓展社区公共文化服务和建设的资金保障渠道。这里需要强调的是，社区公共文化服务建设也应当高度重视社区居民群众个人、海外华人甚至其他一些友好人士的个人力量，营造良好社会氛围，积极鼓励他们捐资捐物，支持社区公共文化服务和建设。

案例：美国社区文化为何不差钱②

在美国，参加社区文化中心举办的活动，或者到图书馆借阅书籍是免

---

① 中共中央宣传部文化体制改革和发展办公室. 文化体制改革经验 100 例[M]. 北京：学习出版社，2009：126.

② 筱白. 美国社区文化为何不差钱[N]. 中国文化报，2011-08-18.

费的、订阅报刊、购买图书、增加运动器械、添置音响设施、工作人员的工资、房屋维修保护等所需的费用，大部分由政府财政买单，不用居民掏一分钱。为什么美国社区文化会由政府买单呢？在美国，政府的财政收入都是由纳税人缴纳的，政府为纳税人提供服务是理所当然的事。比如，在贝瑟斯德社区，地方政府从社区的房地产税的每1美元中提取1.6美分给社区，个人财产税的每1美元中有4美分是划归社区的。这部分资金约占社区文化经费的65％。其余的资金来自社会及个人捐款、社区为居民提供服务收取的管理费等。社区举办的所有文体活动，包括门票都享受政府免税优惠。政府所属的任何部门如果在社区文化建设上另外收老百姓的钱，就是违法的，居民可以将它们告上法庭。此外，社区文化的发展还得到了各行业的支持，社区可以充分利用社会资源开展文化娱乐活动。社区委员会的成员来自银行、企业、艺术机构、地方政府等单位，便于把社区的文化娱乐机构与其他各种机构密切联系起来，为社区文体活动提供场所。一些机构将自己的美术室、音乐厅、健身房、电影院、剧场无偿或打折供社区使用。

第五节 运营管理机制

社区公共文化服务机构的运营管理机制问题，是目前全国文化建设领域普遍关心和关注的问题。如何在我国改革开放、建立社会主义市场经济体系的背景下，不断改善和创新社区公共文化服务机构的运营管理机制，尽最大可能在保障社区公共文化服务机构正常良性运营的同时，满足社区群众基本的精神文化消费需求，实现社会效益最大化，是所有社区公共文化服务机构从业人员应当认真思考、积极探索的事情。就目前情况看，全国各地存在的社区公共文化服务运营管理机制主要有以下几种。

一、文化事业单位运营管理机制

文化事业单位运营管理机制，是目前在全国各地实行最广的一种模式。这一模式的主要特点是：相关的社区文化服务机构，基本上沿袭我国计划经济时代的政府文化事业单位的组织架构、编制设置及运营管理模式。这种运营管理机制的主要优势在于：政府对社区公共文化服务机构有相对固定的公共财政投入保障，政府文化主管部门的主导力度较为强劲，主导意图便于贯彻，主流价值的宣导能够得到较好保障。其劣势在于：这种社区公共文化服务机构大多不是独立法人，对政府文化主管部门的依赖性过高，其用人、养人机制相对固定、不够灵活且成本较高；习惯于主要"对上负责"，相对缺乏"对下负责"的主动意识；适应和驾驭文化消费市场变化的敏感性和掌控力相对较弱。如何在灵活发挥既有优势的同时，努力规避存在的劣势，是这一模式运营中需要重点突破的方面。

二、事业单位转民非机构运营管理机制

目前在国内一些地区，政府文化主管部门已经针对基层社区公共文化服务机构，启动和实施文化事业单位向民非机构（民办非营利机构）转型的相关改革。实施这一文化体制机制改革的一个主要目的就在于：尽可能减轻政府文化主管部门养人、用人负担，尽力降低社区公共文化服务机构运营的成本压力，借鉴民办非营利机构运营相对灵活机动的做法，使社区公共文化服务机构最大程度地适应文化市场转型发展的需要，努力提升政府公共财政投入的运营使用效率。这种运营管理机制的主要优势在于：此类社区公共文化服务机构属于独立注册的民非法人，尽管它也是依托政府公共财政的投入支撑，但是对于资金的使用、公共文化产品服务的购买选择具有较大的自主权。与此同时，它还可以在实际运营的某些方面和某些层面，实施不以盈利分红为目的、只以维持和保障公益文化服务成长壮大为目的的"适度经营"，而且这些经营往往是以成本价、公益价和让利价的形式面向社区文化消费者的。其劣势在于：由事业单位转换为民非机构，势必存在观念、岗位、待遇等多方面转变磨合的过程。另外，在身份相对独立的背景下，怎样确保政府文化主管部门的引导功能得到正常发挥，如何使主流价值的宣导不被削弱，是值得认真研究和探索的问题。

三、政府服务采购托管式运营管理机制

政府服务采购托管式运营管理机制的主要特点是：政府借助公开招标或定向协商等办法，选择确定某家民非机构或某家其他类型的中介组织，与之签署有一定年限且类似于服务采购、定向托管的合作协议，政府文化

主管部门则以事先约定的公共财政投入额度，向受托机构提供保障社区公共文化服务运营的资金支持。在签署协议时，政府文化主管部门可以通过运营托管原则及运营指标任务等多方面的契约约定，对受托方提出指向性的要求。这种运营管理机制的主要优势在于：其用人、养人及日常运作机制相对灵活，既保持着自身的相对独立性和相对自主性，又在一定程度上承担着政府文化主管部门对其实施主流价值引导的契约约定关系；受托机构往往是专业化的职业经理人，对文化消费市场变化的敏感度和把握度较为突出，整合社会资源的能力相对较强。其劣势在于：如何在确保公益性社区公共文化服务机构的基本功能和主要定位不变的情况下，使受托方能够持续保持全力做好公益性文化产品服务的职业热情和发展动力，往往是比较棘手的事情。而且这种托管模式对受托人的文化素质和职业资质要求相对较高，所以在较大范围内推广普及这种模式的难度相对较大。

案例：上海市黄浦区打浦桥街道（社区）文化中心实行"托管"式管理

上海黄浦区打浦桥街道，以政府购买服务的形式，将打浦桥社区文化活动中心委托给上海华爱社区服务管理中心（简称华爱管理中心，属民非机构）管理，探索社会化运作的新路，形成一种新型的托管关系。街道每年支付给华爱管理中心一定的人工费用；华爱管理中心则围绕公益性与社会化运作相结合、趣味性与倡导性相结合、服务性与参与性相结合的服务理念，运作和管理社区文化中心。华爱接受委托后，除派遣 3 位管理人员外，还聘用了社区 16 名下岗人员和 4 名专业社工，管理成本大为节约。建立由街道、华爱、居民代表等组成的市民管理委员会，每年召开两次联席会议，讨论决定社区文化中心发展方向等重大问题。托管关系建立后，街道办事处从参与文化中心的具体运作转为把握文化中心发展大方向，监督文化中心绩效。华爱管理中心根据不同的对象，分别提供无偿服务、低偿服务和市场化服务，取得了社会效益与经济效益的有效平衡。

四、多成分混合式运营管理机制

在我国推进公共文化服务体系建设的过程中，启动、推进和深化文化体制机制改革，实际上成为了一项需要长期实践、不断探索、反复纠错、适时创新的艰巨任务。就国内现有的社区公共文化机构运营管理机制而言，文化事业单位运营管理机制、事业单位转民非机构运营管理机制及政府服务采购托管式运营管理机制，都在不少地区存在着。除此之外，一种叫作"多成分混合式运营管理机制"的模式，也在一些地方的社区公共文化服务机构的运营中实践着。这种模式的特点在于：社区公共文化服务机构管理层的核心成员中，既有文化机关公务员编制，又有文化事业单位编制、公司企业编制，还有临时外聘合同工编制。不过目前这类社区公共文化服务机构，大多表现为仅是人员身份上的"混合"，还不是真正意义上的运营管理机制的混合。事实上，多成分混合式运营管理机制应当集合各种单一运营机制的优点，如既能够发挥文化事业单位管理模式的政府文化主导"自上而下"、"一以贯之"的优势，又能够发挥民非机构或托管模式"相对独立"、"关注市场"、"整合资源"的优势，同时还能够尽力规避单一模式的局限。如何在多成分混合式运营管理机制模式中探寻出几种模式融合并用的最佳绩效契合点，是这一模式在实践中应当着力解决的问题。

　　显然，在社区公共文化服务机构的运营过程中，究竟采取何种机制模式，完全取决于当地政治、经济、社会及文化的总体发展水平和彼此协调程度，取决于深化文化体制机制改革实践的推进力度。在既有的各种运营机制模式中，人们短时间内还很难判断到底哪一种是最好的。应当看到，深化文化体制机制改革的最终目的在于最大程度地破解制约文化发展建设的瓶颈障碍，最大程度地解放和调动文化生产力，最大程度地保障和实现人民群众的基本文化权益。因此，在社区公共文化服务建设方面，只要我们坚持了以人为本、以民为本原则，而不是坚持那种基本脱离群众实际需求的表面的文化政绩至上，就一定能够将社区公共文化服务的运营管理做出实效来。

案例：上海市虹口区嘉兴街道社区文化活动中心建立"三级指导网络"

　　上海市虹口区嘉兴街道社区文化活动中心，为了扩大中心对周边社区的文化服务辐射力和影响力，在依托中心既有的组织运营架构的基础上，组织动员服务半径内的 36 个社区居委会，组建了"三级指导网络"管理运营架构。即在中心层面设立文体活动指导总站；总站下面设立 6 个指导分站，分站负责人从 36 个居委会负责人中推选而出；每个分站下又依托 6 个居委会设 6 个指导点，指导点负责人由居委会相关负责人担任，共计 36 个指导点。6 个分站和 36 个指导点，每年除了按照总站的计划建议完成一些文化服务项目外，还需自行策划创排和组织完成一些文化活动项目，中心按照项目活动的实际需要给予必要的经费支持。这些经费主要来自街道拨款、有关部门资助、社会团体和个人捐助以及其他一些收入。"三级指导网络"的建立，既有效地整合动员了社区的文化人力资源要素，又较好地延伸和扩展了社区文化活动中心的服务触角。

【本章小结】

本章重点介绍了较为关键的五种机制。核心价值引导机制是社区公共文化服务运行的核心机制，要求通过群众喜闻乐见的路径来实施价值引导。社会力量参与机制作为保障社区公共文化服务可持续运行的一种重要补充，对于充分调动社区居民参与文化建设的积极性，整合社会各方面文化资源要素、形成社区文化建设合力，发挥着不容忽视的作用。公共财力采购机制，是政府主导和保障社区公共文化服务运行的重要手段之一。社区公共文化服务的运营管理机制，目前较为多见的主要有四种：文化事业单位运营管理机制、事业单位转民非运营管理机制、政府服务采购托管式运营管理机制及多成分混合式运营管理机制。

【思考题】

1. 为什么说社会主义核心价值体系在社区公共文化建设中有重要的地位和作用？

2. 在社区公共文化服务中如何扩大社会力量参与？

3. 怎样运用公共财政采购机制实施对社区公共文化服务的引导和支持？

4. 改革创新社区公共文化服务运营管理机制的目的何在？

【推荐阅读】

1. 吴新文. 社会主义核心价值观[M]. 重庆：重庆出版社，2009.

2. 鲍日新，刘泽雨，董慧. 社区管理理论与实践[M]. 大连：大连海事大学出版社，2004.

3. 朱琳. 社区文化组织经营机制的创新[J/OL]. 中国知网"中国优秀硕士学位论文全文数据库".

【参考文献】

1. 中共中央关于深化文化体制改革、推动社会主义文化大发展大繁荣若干重大问题的决定(单行本)[M]. 北京：人民出版社，2011.

2. 李长春. 正确认识和处理文化建设发展中的若干重大关系、努力探索中国特色社会主义文化发展道路[J]. 求是，2010(12).

3. 秦刚. 中国特色社会主义理论体系[M]. 北京：中共中央党校出版社，2008.

第四章　社区公共文化服务绩效评估

【目标与任务】

　　了解社区公共文化服务绩效评估的重要性、必要性以及相关概念，理解具体进行绩效评估的基本要求和方法；能够运用上述概念和方法进行绩效评估活动组织和策划。

第一节　社区公共文化服务绩效评估概述

一、公共部门绩效评估的基本概念

　　"绩效"表示"成绩、成效"，可以引申为"成就"、"作为"、"业绩"。从普遍意义上来说，绩效是对组织的成就与效果的全面、系统的阐述。强调绩效，对公共部门的组织行为进行绩效评估，是对公共部门的绩效进行管理的过程，就是要对组织行为的质量、效果等进行评判，它与效率有关，但又不纯粹以效率作为衡量标准。以下将对效率、公共部门绩效、公共部门绩效管理、公共部门绩效评估等概念作简单说明。

(一)效　率

　　效率，是经济学概念，是资源配置的准则或评价，反映的是资源配置的有效性或资源利用的有效程度。简单说就是"投入与产出比"，"以最少的经费达到最大的效果"。它强调的是能否很好地利用资源来实现成果，能否得到与投入的资源相称的结果，有没有其他以更少的资源量得到必要效果的方法，有没有其他以同一的资源量得到更大效果的方法。可见，对资源的高效利用是考察效率的关键，通常以速度、经济等数量指标来衡量。

　　就传统行政管理而言，行政部门如何利用一定的机制、手段，提高行政效率，以最少的行政消耗获得最大的行政效果，这是首先需要考虑的内容。

(二)公共部门绩效

公共部门绩效是指公共部门在提供社会公共产品、公共服务或进行公共管理等过程中所体现的结果、效益、效能,是公共部门行使其功能、实现其意志过程中体现出来的各种能力。

与传统的行政效率有所不同,公共部门绩效是一个综合性、多维度、系统性的概念,考察的是包括政府、公共企业、非营利性经济组织(如基金会等)、国际组织、民间社会团体、公共文化服务机构等在内的组织所提供的公共服务的效果、效益及效能,强调的是公共部门在履行公共责任的过程中,如何更好地处理内部管理及外部效应、服务数量与服务质量、刚性规范与柔性机制等方面的关系,如何更好地发挥社会效益。因此,其绩效不能单纯以数字的多少来衡量。

(三)公共部门绩效管理

公共部门绩效管理,从广义上说,是指对公共部门的绩效进行管理,即为了达到公共部门的服务和管理目标,通过各方面持续开放的沟通过程推动组织和个人做出有利于目标达成的行为,最终实现目标所预期的利益和产出。

狭义的公共部门绩效管理,是指根据绩效目标,运用综合的评估指标体系和科学的评估方法,按照严格的评估程序对公共部门履行职能所产生的结果及其社会效果进行测量、划分绩效等级、提出绩效改进计划和运用评估结果改进绩效的活动。

公共部门绩效管理一般包括绩效计划制订、绩效计划实施、绩效评估、绩效评估结果运用以及绩效沟通五个环节。其中,绩效计划制订、绩效计划实施、绩效评估及绩效评估结果运用是一个反复循环的闭环结构,而绩效沟通始终贯穿于绩效管理的每一个环节。

公共部门绩效管理的兴起,与20世纪80年代中期以来西方国家的"新公共管理运动"有关。

传统的公共部门缺少外部监督机制,内部运作僵化、效益效能较低,其服务和管理往往忽视结果,表现在关注投入而非产出,预算工作没有很好地与结果联系起来,服务效益被忽视。对此,美国著名的管理学大师彼得·F.德鲁克在他的《公共行政的不可饶恕的罪行》中讽刺道:"没有人能够担保公共服务的绩效,但是我们绝对可以保证它没有任何绩效。"

新公共管理理论认为，作为责任型、服务型政府，应关注公共部门提供服务的效率和质量，对纳税人负责，要对公共部门的服务结果进行管理，通过使命、目标及产出或结果进行逐级分解，形成绩效考核指标，并根据指标对绩效进行考核，最终通过绩效是否达成来体现管理者的责任。此后，美国、澳大利亚、新西兰和英国兴起的政府绩效评估及其取得的成效，受到了各国政府的广泛关注。

可见，公共部门绩效管理，是公共服务型政府的题中应有之义。为公众提供更好的服务，使有效资源惠及公众，使公众的满意度更高，这种理念强调了公共部门对社会公众需求的回应力，强调了公共部门的管理效率与服务质量。

公共部门绩效管理是公共部门管理的核心内容，是改善公共管理的一种有效工具。我国近年来逐渐引入西方的绩效管理理论，对公共部门的绩效管理成为方兴未艾的管理新举措。

(四)公共部门绩效评估

在公共部门绩效管理过程中，公共部门绩效评估是最关键的环节。

公共部门绩效评估，是指运用科学的方法、标准和程序，对公共部门的理念，提供的产品、服务，以及管理过程中的业绩、成就和实际作为，做尽可能准确而客观的评价，并将评价结果反映在公共部门的管理运行中，以促使公共部门的服务和管理获得进一步改进的做法。

公共部门绩效评估需要根据一定的绩效目标，制定绩效评估标准，收集相关评估数据，从而开展评估。其中，确定绩效目标、进行工作分析是公共部门绩效评估的起点和基础，建立一套能够反映组织效能的评估指标、绩效标准和计量方法是公共部门绩效评估的核心。

绩效评估包括事前评价、事中评价、事后评价三种。事前评价，是依据将来的、不确定的信息进行评价；事中评价是对照目标，对正在进行的状态进行评价和分析，以便及时调整；事后评价是依据过去的、确实的信息进行评价，是对已完成状态的评价。

由于公共部门的绩效很难用经济效益来衡量，因此对公共部门的绩效评估往往包括两个方面：定性评估和定量评估。

定性评估是对公共部门的工作绩效进行质的鉴定和确定。一般是对公共部门的工作性质、工作理念等进行衡量。由于是建立在评估主体的主观印象和经验基础之上，定性评估易受评审者的主观因素和外界因素的影响与干扰。对于定性评估，可以根据实际情况采用案例评述、优劣势分析（SWOT）等方法进行。

定量评估是对公共部门的工作绩效进行量的鉴别和确定，是定性评估的补充和发展。定量评估主要是运用统计和数量方法，对所得数据进行整理和分析。定量评估具有较强的专业性，因而评定较为精确。定量评估的评估指标及其体系的科学性有较高的要求，这是保证其有效性的前提。

定量评估主要包括以下几个方面：

第一，指标分析法。

第二，投入产出法。对于能明确度量产出价值的，可以采用这种方法进行评估。

第三，成本—效果分析法。

此外，从评估主体看，公共部门绩效评估可分为内部评估和外部评估两种。

其中，内部评估是由公共部门内部的评估者完成的，主要包括公共部门内部的自我评估和专门评估两部分。自我评估是指公共部门按隶属关系上下级之间相互实施的评估。专门评估是指在公共部门内部设立专门机构对所有的绩效进行全面的评估，包括人事部门、财务部门、审计机关的评估。内部评估的优点在于评估主体本身就是公共部门内部的决策者、管理者和工作人员，他们对于组织有更详尽的了解，在持续性的长期方案评估中可能更有优势。

外部评估是由公共部门外部的评估者完成的，包括政党评估、国家权力机关评估和社会评估等。在我国，政党评估是指中国共产党和民主党派对政府绩效的评估。国家权力机关评估是指各级人民代表大会及其常务委员会的评估。社会评估主要包括公民个人、社会团体、社会舆论机构和中介评估机构等通过一系列的程序和途径，采取各种方式，直接或间接、正式或非正式地评估公共部门绩效。由公共部门主管机构统一组织、由非营利组织为实体具体实施的"第三方"评估属于社会评估。外部评估的优点在于能够确保评估过程更为客观。

二、社区公共文化服务绩效评估的意义

社区公共文化服务绩效评估是对社区公共文化服务进行现状分析，实

现绩效管理，进而改善公共文化服务质量、提高公共服务水平的重要手段。社区公共文化服务绩效评估的主要意义在于以下几个方面。

(一)能够提高社区公共文化服务的绩效

绩效评估强调的是"效益"，它的核心价值在于提高绩效。管理学家阿姆斯特朗指出："要改进绩效，必须首先了解目前的绩效水平是什么。""测定是绩效管理的一个关键环节：如果你不能测定它，你就无法改善它。"绩效评估具有计划辅助、监控支持、报告、政策评价和激励等多项功能，通过评估可以反映出组织运行中的缺陷和不足，总结出的绩效评估报告可以作为改善工作的依据。

对社区公共文化服务开展绩效评估，主要是对承担社区公共文化服务的机构进行全面、系统的评估，考察其管理和服务目标达成的效率与效益。通过评估，发现薄弱环节和存在的问题，以利于今后改进；通过评估，鼓励先进，鞭策后进，实现公共文化资源在社区的有效配置；通过评估，提高社区公共文化服务机构的服务质量和服务水平。评估的主要目的是以评促建，辅以评估报告及一定的配套政策和措施，实现促进社区公共文化服务发展、提高绩效的目的。

(二)有利于改善和加强对社区公共文化服务的监督

公共部门绩效评估强调向公众展示工作效果，引入公共监督机制。对社区公共文化服务开展绩效评估，强化社区公共文化服务在服务项目和财务等管理制度上的公开性，以社区受众的满意度作为评估的重要内容，有助于广大群众了解、参与其中，有利于改善和加强对社区公共文化服务的监督；评估结果将通过多种渠道予以反馈，通过等级评定结果挂牌等方式予以呈现，并作为新一轮绩效评估的考核内容之一，有利于形成长效的监督作用。

(三)有利于政府职能的转变

绩效评估来源于新公共管理运动，强调公共服务意识和责任意识，希望能够通过实施绩效评估转变观念，促使公共部门关注并满足社会公众的需求，实现更大的社会效益。开展绩效评估，本身不是目的，从技术层面而言，它只是一种为获得更高业绩而使用的手段。但它同时也可以作为突破公共部门管理瓶颈的诱因机制。

对社区公共文化服务开展评估工作、特别是引入"第三方"评估，打破了传统的体制内工作检查、评比的管理模式，强化了社区居民参与管理，强化了社区居民的满意度调查，对公共部门树立服务意识、向公共服务型机构转变有积极的推动作用。

（四）有利于提高社区公共文化服务的质量和水平

绩效评估的内容主体是社区公共文化机构的服务效益。通过制定科学、客观的绩效评估标准，开展公平公正、合理有效、社区居民广泛参与的评估，就相当于对所评估的社区公共文化服务机构进行了一次全面检验。评估过后，及时反馈评估结果，并将评估结果与相关组织的利益直接挂钩，对评估先进者予以表彰奖励，对不符合标准要求者出具整改通知书，并配备相应的政策措施，形成制度性、规范化的评估体系，对于社区公共文化服务的质量的提高必然能够起到有力的促进作用。

（五）是公共文化管理的有效工具

绩效评估作为一种制度化、社会化的管理模式，突破了以往体制内循环的路径依赖，引入了外部监督机制，是一种较为新颖的管理手段。对社区公共文化服务机构开展绩效评估，不仅要了解社区公共文化服务机构组织内部的人员组成、职位匹配、财政投入等静态数据，更要关注公共文化服务的动态过程，包括制度执行情况、服务项目的受欢迎程度、群众服务满意度等。通过真实有效、认真细致的评估，可以帮助相关人员比较客观地把握相关信息，为总体提高社区公共文化服务机构绩效水平提供依据，同时对评估对象的工作起到较好的促进和指导作用。开展社区公共文化服务绩效评估，即对社区公共文化服务的目标进行设定，监测和收集绩效数据，对绩效结果进行系统评估，并对绩效评估结果进行反馈。"目标设定—数据采集—系统评估—结果反馈"等各种手段综合使用，才是真正意义上的公共文化绩效管理。

第二节　社区公共文化服务的"第三方"评估

一、"第三方"评估的基本概念、基本构成与必要性

(一)"第三方"评估的基本概念

"第三方"评估，是指由与政策制定者、执行者无隶属关系和利益关系的公益性评估机构或专业评估机构等组织机构，对政策制定者与执行者的工作绩效所进行的评估。由于"第三方"是独立评估主体，不与政策制定者、执行者处于同一系统内，因此也被称为"社会评估"、"外部评估"。

(二)"第三方"的基本构成

"第三方"评估主体一般包括受行政机构委托的研究机构、专业评估组织(包括大专院校和研究机构)、中介组织、公共媒体、社会组织等多种评估主体。

(三)"第三方"评估的必要性

"第三方"评估增强了评估的客观性、公正性和专业性，有利于提升评估工作的公信力和工作质量，为公共服务机构的绩效评估增加了新的实施途径，同时也是政府和公共服务机构进一步了解公民需求和自身存在问题的重要机制。通过"第三方"评估，可以进一步完善政府政务公开的制度建设，使公共服务型政府的原则得以贯彻。

二、"第三方"评估的特点

(一)客观性

"第三方"评估机构独立于政策制定与执行的公共部门之外，与公共服务的提供方和公共服务的接受方没有密切的利益关系，因此立场更为中立，在很大程度上能够保证客观公正地进行评估。传统评价模式的主要弊端是局限于自我评价，不能形成真正意义上的社会评价机制。实行"第三方"评估，有利于从制度上避免过去那种"既是运动员又是裁判员"的评价弊端，特别是其客观的立场、科学的手段，更有利于保证评估结果的可信度和公正性。"第三方"评估可以通过社会化的视角，有效地把公共服务机

构的目光从"上级"引向"公众"，把重过程、重形式转向为重效率、重效果，从而有效强化公共服务机构的服务意识、服务能力、服务质量和服务水平。

(二)独立性

"第三方"评估机构既可以是受行政机构委托的研究机构、专业评估组织(包括大专院校和研究机构)，也可以是相关中介组织、社会组织，还可以是公共媒体。但无论是什么组织、机构，都必须是独立的。也就是说，它既不隶属于政府部门，也不从属于某个社会团体或个人，它是独立的实体，独立地进行评估，并对所提供的评估信息直接负责。"第三方"评估机构和各个方面的联系是一种纯粹的"主顾关系"，"第三方"评估机构向委托方提供评估信息、评估结果，委托方向"第三方"评估机构支付服务费用。"第三方"评估机构应当视政府、公共服务机构及社会各方为平等的"顾客"，对评估对象作出实事求是的评估。只有这样，才能保证"第三方"评估机构的独立性和公正性。"第三方"评估机构与任何一方过于"亲密"，都可能影响其客观性、公正性和独立性。因此，独立性是"第三方"评估机构存在和发展的前提。只有这样，才能使公共服务机构真实地了解社会公众对公共服务机构的全面评价，以及对公共服务的新期盼和新要求，从而获得更为广泛的民意基础，得到公众的认同。从某种意义上讲，"第三方"评估的本质是一种真正的公共治理。

(三)专业性

公共文化服务绩效评估是一项极其复杂的、科学性极强的活动。它要求评估活动从时间选择、人员构成到技术运用、结果处理等，都必须周密思考、科学行事。"第三方"评估机构是专业性服务机构，在市场经济条件下，它对外界提供的评估服务就是它的"产品"。科学性是其产品质量的保证，是它立足于市场的基础。由于"第三方"评估机构拥有专业的人才、技术和理论优势，并积累有一定的评估实践经验，不仅使"第三方"评估机构更容易得到全面的意见和公众的认同，从而保证评估质量，而且有利于吸收社会上的新理论、新思想、新成果，其评估过程和评估结果也会更科学、更具有指导价值，进而不断指导公共文化服务机构和公共文化服务体系建设向科学、协调、可持续的方向发展。

以上是"第三方"评估机构的内在特征，其中"客观性"、"独立性"是前提，没有"客观性"和"独立性"就不能称为"第三方"评估，更谈不上其他特征；"专业性"是中介性评估机构立足市场的基础，是其"产品"质量的保证；而"公正性"是"第三方"评估机构的"市场信誉"，也是人们要求发展"第三方"评估机构的最初的、最基本的期望。

我国的"第三方"评估实践表明，"第三方"评估作为一种必要而有效的外部制衡机制，弥补了传统的政府主管部门在系统内自我评估的缺陷，不仅能够有效完善公共服务机构绩效评估体系，提高公共服务机构绩效评估结果的客观性和公正性，还在改善政府和公共服务机构的形象，增强公共服务机构的能力，促进公共文化服务体系建设方面发挥着不可替代的促进作用。

三、当前实行"第三方"评估应注意的有关事项

(一)积极扶持、合作共赢

"第三方"评估需要得到政府相关部门的积极支持，才有可能对社区公共文化服务机构进行绩效评估。政府相关部门和社区公共文化服务机构只有真正认识到"第三方"评估的重要性和必要性，认识到"第三方"评估是整个公共文化服务体系建设的重要环节，才会真正积极支持"第三方"评估机构开展评估工作。只有这样，才会迎来合作共赢的局面。

(二)先行试点、探索路径

评估工作涉及社区公共文化服务的方方面面，需要深入调查研究，摸清社区公共文化服务工作的外部环境、内部环境以及具体工作的各个环节。"第三方"评估机构在调查中应注意倾听政府主管部门和基层一线负责人和工作者的意见、建议，在各种看法中找到最切合实际的意见。在整个评估工作方案制定过程中，应反复征求有关各方意见，使评估指标体系和工作方案尽可能符合实际情况。在评估工作全面开展之前，应先行试点，以获得操作经验，并在试点基础上根据实际情况进一步修改评估指标体系和工作方案，为整个评估工作奠定坚实基础。

(三)由内而外、稳步推开

评估工作的关注点，可以根据当地公共文化服务体系建设的工作重点和实际情况，由社区公共文化服务机构的内部机构设置、规章制度、服务

项目、人才队伍等方面，逐步扩展到对外部环境如公共文化领导体制、公共文化政策、公共文化投入、公共文化的社会支持、社会参与等方面的评估和考察。

(四)总结经验、形成制度

在评估过程中要不断总结经验，既要总结社区公共文化服务工作的成功经验，又要总结评估工作本身的经验，好的做法、有效的做法、社区群众欢迎的做法要通过制度形式固定下来，并在今后的工作中不断完善、提高。

第三节　社区公共文化服务绩效评估程序与指标体系的制定

一、评估程序

绩效评估程序是影响评估结果客观性、公正性和准确性的重要因素，完善绩效评估程序对于促进公共部门绩效评估结果的客观公正具有非常重要的意义。评估程序的规范化、科学化和程序化，是公共部门绩效评估规范化、科学化和程序化的前提。

社区公共文化服务绩效评估的程序可以分为以下七个步骤。

(一)明确评估目的

评估目的是实施绩效评估的出发点和归结点。只有明确了评估目的和要求，才能有的放矢，有针对性地开展评估，使评估工作真正起到应有的激励和约束作用。评估的进行是基于一定的目的的，而且，不同时期有不同的评估目的和要求，不同的评估目的决定了评估的方式、方法和具体的形式。没有评估目的，就无法有效开展评估。

所以，开展社区公共文化服务绩效评估，首先需学习、掌握相关法律、法规及文件精神，了解上级主管部门对社区公共文化服务机构所开展工作、提供公共文化服务的具体要求，明确评估目的。

(二)进行深入细致的调查，确定评估重点

评估的一项基础工作是制定出导向明确、符合实际、切实可行的评估方案和评估指标体系。为了使制定出的评估方案和评估指标体系能够实现

评估目的，必须进行深入细致的调查研究和各种正式、非正式的沟通反馈，确定评估重点。同时，为确保调查研究工作的有效性，必须先根据评估目的确定评估方向和重点，有针对性地开展调查工作。两者相辅相成，缺一不可。

在社区公共文化服务机构绩效评估工作中，评估的目的是管好、用好社区公共文化服务机构，促使其进一步提升服务效益。对此，我们广泛听取了有关文化主管部门和专业评估机构的意见，对评估对象进行深入的走访和普查，收集与评估对象有关的各种信息，最终确定将社区公共文化服务机构的内部运作模式、人力资源、日常运行情况、实际效果、市民满意度等确定为评估的重点。

(三)制定评估指标体系

设计一套科学合理、体现公共服务价值导向的评估指标体系是评估的核心。评估指标的具体内容需紧密围绕评估目的和评估重点进行设计。由于评估对象的复杂性和多样性，一般采用定性和定量相结合的方法来设计评估指标体系。

除以上原则外，在指标具体设定中，还要注意定量指标与定性指标的结合。一般而言，评估往往强调客观指标优先，即要多选取定量指标，但由于统计口径往往不一，定量指标可能不具备可比性，而相对来说定性指标更易于用来比较，所以在具体评估时，需要保持定量指标与定性指标的平衡。此外，也可以设定一些修正指标来帮助评估。

(四)确定评估对象，编制执行计划

评估工作开展前必须首先明确评估对象的数量和基本情况。必须编制详细的执行计划和执行流程，明确各方工作要求，以增强工作的计划性和预见性。

(五)评估工作开始前的培训

评估工作开始前，须对参加评估工作的相关人员进行培训，使之明确评估的目的、方法、程序和有关注意事项。

这里所说的相关人员，既包括具体评估工作的执行者，也包括被评估对象的工作人员。

评估开始前的培训重点是指标读解。对主要指标的含义、范围等进行

注释说明，有利于被评估对象进行评估材料准备，也有利于评估工作人员根据指标对被评估对象的工作开展评估。

(六)现场评估打分

现场评估打分可分为若干个子步骤。

1. 评估组介绍相关事宜

现场由评估工作组介绍评估工作的出发点、重要意义及注意事项等情况。

2. 被评估单位自述工作情况

由被评估单位相关负责人介绍单位具体情况、评估周期内的工作成果及存在的问题等需要特别说明的事项。

3. 单项指标打分

根据评估单位准备的相关材料及数据，对单个指标进行打分，逐项进行确认。这是绩效评估工作的关键环节，个别项目需要由调查问卷获得。

4. 评估沟通与现场反馈

对现场打分过程中有疑义的内容与对方进行沟通和反馈。

(七)评估结果的形成与撰写评估报告

评估工作的最后阶段是对有关数据进行统计分析，对调查问卷进行汇总分析。撰写分项评估报告和总报告，对评估结果进行总结性分析，提出结论性意见，并提出对评估对象的改进建议，以及对评估结果的处理建议。

二、评估指标体系的制定原则

评估指标体系的制定，需要从多个角度、正确、全面、客观地反映社区公共文化服务的实际服务水平，从中发现影响服务能力和水平发挥的原因，同时需要对未来发展起到一定的前瞻性和引导性作用。

制定评估指标体系的基本原则包括以下五个方面。

(一)整体性

评估指标体系应该全面反映情况，不能遗漏，体现全面性和综合性；具体指标之间要相互衔接，在定义、口径范围、计算方法、计算时间和空间范围等方面具有相对统一性。

（二）突出重点

对社区公共文化服务机构的综合评估是一项复杂的系统工程，涉及面广、要素繁多、层次复杂，不可能面面俱到，所以要突出重点，体现价值导向，选择关键性、代表性、重要性的指标要素进行评估。社区百姓的参与度、满意度是"以人为本"思想理念的根本体现，所以在绩效评估特别要突出结果，突出服务对象的满意度。

（三）可行性

指标体系设计中的可行性首先指测评指标要具有可计量性，其次指的是测评指标要具有可操作性。为保障评估的顺利进行，要尽量选取易采集、统计方便和具有可比性的指标，力图简化评估的形式和过程，减轻评估双方的负担。

（四）公正性

选取的指标要尽量客观公正地反映实际情况，由于社区公共文化服务机构之间在设施和管理上都存在较大差异，尤其是郊区和市区情况大不相同，在建立评估指标体系时要注意适当区别对待。

（五）发展性

由于评估对象不是静止的，而是不断发展、变化的，相应地，评估指标体系也应该根据实际情况动态发展，即根据新的要求和外部条件的变化及时进行调整和修正，从而使评估指标更加科学完善，符合发展需求。

三、评估指标体系的基本内容

评估指标体系的基本内容，应该始终围绕国家关于公共文化服务的相关文件精神，根据评估目的和评估重点展开，在起到一定的监管作用的同时，兼具导向性。

近年来，我国公共文化服务着眼于基层，重在提供公共的、公益的、符合社区百姓基本文化需求的各类文化服务。2003年，国务院颁发《公共文化体育设施管理条例》，对公共文化体育设施的建设投入、服务及管理效能等进行了规定。2007年8月21日，中共中央办公厅、国务院办公厅下发《关于加强公共文化服务体系建设的若干意见》，提出要"与中国特色社会主义事业和全面建设小康社会的历史进程相适应，按照结构合理、发展均衡、网络健全、运行有效、惠及全民的原则，以政府为主导、以公益性文化单位为骨干、鼓励全社会积极参与，努力建设以公共文化产品生产供给、设施网络、资金人才技术保障、组织支撑和运行评估为基本框架的覆盖全社会的公共文化服务体系，切实保障人民群众看电视、听广播、读书看报、进行公共文化鉴赏、参加大众文化活动等基本文化权益"。2011年2月底，文化部、财政部联合下发《关于推进全国美术馆、公共图书馆、文化馆(站)免费开放工作的意见》，指出要"推进美术馆、图书馆、文化馆、博物馆免费开放"，所提供的基本项目免费，特殊项目低价收费，公共文化设施不得拍卖租赁，不得挪作他用，要充分发挥美术馆、公共图书馆、文化馆(站)保障公民基本文化权益、提高公民鉴赏能力的重要作用。

根据以上文件及国家关于保障文化民生、满足群众基本文化需求、推动社会主义文化大发展大繁荣的精神，指标体系的基本内容应包括公益性、运营服务能力、服务效益、可持续发展四个方面。

(一)公益性

公益性是社区公共文化服务机构的基本性质，是其获得政府资助和公共文化资源分配的重要依据。公益性，既是对现实工作的考核要求，同时也是具有导向意义的重要指标。

这一指标主要从服务宗旨、组织结构、资金来源及使用、场地使用情况等方面来考察。

《公共文化体育设施管理条例》指出：公共文化体育设施管理单位必须坚持为人民服务、为社会主义服务的方向，充分利用公共文化体育设施，传播有益于提高民族素质、有益于经济发展和社会进步的科学技术和文化知识，开展文明、健康的文化体育活动。社区公共文化服务机构的服务宗旨应该始终坚持先进文化发展方向，体现保障基本文化权益的公益性、基本性、均等性、便利性，为提高社区居民文明素质、增加社区凝聚力、维护社会和谐稳定、促进人和社会的全面发展作贡献。年初的工作计划及年终的工作总结最能反映该机构是否贯彻了国家和政府赋予其的服务宗旨。

社区公共文化服务强调广泛的社区参与性，强调社区居民共建共享、共同商讨决定本区域的公共文化服务该如何开展、该提供什么样的服务，强调社区居民的监督机制。

组织机构一项主要考察该社区公共文化服务机构是否建立了社区居民

自主参与管理的组织，是否形成了成熟的定期召开例会商讨、监督的机制，该组织成员是否具有广泛的代表性等，以管理委员会或联席会议的形式进行考察。

作为由政府或社会力量举办的、面向基层社区的公共文化服务机构，其资金的保障力度是确保开展公益性文化服务的前提，因此，财政拨款占总支出的百分比应成为考核的重要内容。同时，政府财政拨款的使用情况需接受社区百姓的监督，重点考察是否做到专款专用，是否定期向社区百姓公示。

社区公共文化服务机构的公益性还体现在其设施设备是否真正得以利用，是否存在被各类机构挤占、挪用或出租经营等现象，因此公益性服务面积占总使用面积的百分比应成为考核设施功能用途保障的主要内容。

(二)运营服务能力

运营服务能力是社区公共文化服务机构提供公共文化服务的具体保障。这一指标的评定可以从设施管理能力、人力资源管理和保障能力、文化服务能力等方面来考察。

由于制度是引导个体形成良好的行为准则、达成组织目标的重要因素，在考察设施管理能力、人力资源管理和保障能力时主要从制度建设、制度执行情况等角度进行考虑。

设施管理能力，重在考察其是否建立了完备的资产管理制度，是否建立了与馆内各项管理及服务工作相匹配的其他制度，如安全保卫制度、项目运作制度及各项服务标准等，同时考察各项管理制度的执行情况。

人力资源管理和保障能力，是指根据社区公共文化服务机构本身的功能定位，配备相应的人员队伍，确保其有序运作。重点考察机构负责人的履职能力及负责馆内重要业务岗位的管理人员的能力情况，需提供相应的岗位责任制及继续教育、学习培训的相应情况。

社区公共文化服务机构，是面向社区基层的多功能、综合性文化服务场所，应该按照保障人民群众基本文化权益的要求，开展书报借阅、文体活动、培训辅导、体育健身等活动，并按照国家关于公共文化服务场所及设施免费开放的要求，确保平均每周不少于56小时的开放时间。根据以上内容，文化服务能力主要从免费服务的项目数量及平均服务时间、各基础服务项目的服务场次及取得效果、对文艺团队的辅导培训、图书借阅及数字文化信息服务情况等方面进行考察。

(三)服务效益

服务效益即社区公共文化服务机构产生的社会效益，是评估的重中之重。这一指标可以从品牌项目、服务满意度、社会影响等方面进行考察。

品牌项目，是指经过多年服务运作、具有本地区特色并形成广泛影响力的服务项目。

服务满意度，是服务效益的最直观的体现，可以重点考察社区居民对社区公共文化服务机构所提供的服务项目或内容、场地设施设备及工作人员的服务态度的满意程度。

社会影响，是指该社区公共文化服务机构在本社区及在全国或本省市及相应辖区范围内的影响力情况。重点考察社区知晓率、社会主流媒体的报道情况及该机构的常规信息发布情况。其中，社区知晓率是考察社区公共文化服务机构的社会影响力的基本指标。

(四)可持续发展

可持续发展是社区公共文化服务机构进一步发展的前提保障，属于战略导向性指标。可持续性的评价结果体现了该机构在未来的工作中是否能够得到持续的运行和维护，是否可以不断完善并长期保持健康有序及高效运作，是否能够保持并改进其绩效水平。这一指标的评定可以从财务保障、公共关系、自身建设、社会评价等方面来展开。

财务保障，主要从来源进行区分，一是考察政府或上级机构是否建立了相应的财政拨款制度，形成了长效的保障机制；二是考察该机构是否能够通过制定相应的激励措施来获得较为稳定的社会力量的捐赠。

公共关系，主要从社区公共文化服务机构的两类不同公共关系主体进行考察。一是该机构与所在社区企事业单位的共建共享情况，考察其是否建立了良好的合作关系。二是考察该机构与社区居民的关系，考察其是否起到了带动并影响社区居民、营造社区和谐关系的作用，以形成稳定的社区文化志愿者队伍作为考察标准。

自身建设，主要从社区公共文化服务机构自身的规划意识角度进行考察，要求提供3～5年的中长期发展规划。

社会评价，是从绩效评估的长效运作角度考虑而设置的指标，重点考察上级主管单位或专业机构开展的评估结果如何。将前一次开展的绩效评估的结果作为"社会评价"纳入指标，将对中心的长效运作起到促进和鞭策作用。

四、评估指标体系的框架分析

一般而言，绩效评价指标的设计是围绕评估目的和评估重点，对目标进行逐项、逐级分解的过程，并以此确定相关的评价标准。显然，这种分解过程具有非常明显的层次特征，相应地，指标体系的设计也应具有明显的层次性。

在指标结构上，多采用三级指标体系，即按照评估的目的和重点确定每一级指标以及它的权重。一般一级指标为主要考核的要素；二级指标是一级指标中各部分内容的分解；三级指标是二级指标的进一步细化，是具体观测和操作的指标。评估人员根据具体情况确立评分标准后，将这些指标根据不同的内容按一定规则组合起来，通过计算（比如加权平均等方法）最后形成一个结果，再把数据结果转化成相应等级的评估结论。

此外，由于评估对象的复杂性和多样性，因此大多采用定性和定量相结合的方法来进行评估。

为直观明了地进行指标体系框架阐述，以下分析以《上海社区文化活动中心绩效评估指标体系（2010—2011 年）》为参考。

（一）一级指标及其分值分配

根据公益性、运营服务能力、服务效益和可持续发展四项基本内容，社区公共文化服务绩效评估的指标设计分别以"性质指标"、"运营指标"、"效益指标"、"可持续发展指标"作为四个一级评价指标。

运营服务能力和服务效益是体现社区公共文化服务机构真正管好、用好的关键内容，涉及该机构内部管理和服务的方方面面，在指标权重上，运营指标和效益指标权重最重，分值设为 45 分、30 分（百分制，下同）。公益性是社区公共文化服务机构的基本性质和服务宗旨，是绩效评估的基本内容，占 15 分。可持续发展能力关系到社区公共文化服务机构是否能够形成长效、可持续的运作发展，也是非常重要的评估指标，占 10 分。

（二）二级指标及其分值分配

二级指标是绩效评估的基本考察内容，是从不同的评估维度梳理出的评估内容。二级指标往往无法直接触及量化手段，而是根据相关度、隶属度等编排划定的评估的基本向度，往往需要更具体的三级指标及其指标详解说明进行量化。

"性质指标"的二级指标分别是服务宗旨、组织机构、资金来源及使用、设施功能用途保障。其中，后两者是体现"公益性"性质的最重要的因素，分别占6分、5分，前两者各占2分。

"运营指标"的二级指标包括设施管理、人力资源、文化服务三项。其中，文化服务是全面展现社区公共文化服务机构服务效能的部分，分值设定为25分。设施管理、人力资源分别占12分、8分。

"效益指标"的二级指标包括品牌项目、满意度、社会影响三项。其中，满意度由面向社区居民的问卷调查得出，是整个社区公共文化服务机构绩效评估的重中之重，分值设定为15分。品牌项目、社会影响分别设定为7分、8分。

"可持续发展指标"的二级指标包括财务保障、公共关系、自身建设、社会评价四项，分值分别设定为3分、3分、2分、2分。

(三)三级指标及其分值分配

三级指标是对二级指标的分解和细化，是绩效评估分数评定的具体项目，需要辅以一定的标准和详解说明以利于标准化和量化考核。

二级指标"服务宗旨"一项中，以"工作计划与总结"作为三级考核指标，要求工作计划具有明确的目标任务和工作内容、工作总结提供事例和数据，分值设定为2分。

二级指标"组织机构"一项中，以社区文化活动中心管理委员会或联席会议作为三级考核指标，要求提供书面的组织条例和工作制度，要求应该有社区居民代表，提供成员名录，提供例会会议记录，分值设定为2分。

二级指标"资金来源及使用"一项，以财政拨款比例、财务透明度作为三级考核指标，要求独立记账，提供年度财务报表和决算表，一年两次向社区居民公示，分值各设为3分。

二级指标"设施功能用途保障"一项中，以公益性服务面积比例作为三级考核指标，达到90%以上者得5分，要求以房产证或测绘证明为依据，比例不得低于80%，有出租经营非文化类服务项目的减1分。

二级指标"设施管理"一项中，涉及资产设备管理情况、管理规章制度建设情况、场馆安全情况、场馆卫生情况四项三级考核指标。要求提供资产管理制度文本、主要设备清单；服务工作标准、项目管理制度等文本及具体执行情况；安全保障制度文本、相关安全设备清单，并结合现场观察

无障碍设施、安全设施等。卫生情况根据现场观察得出。分值分别设定为
2分、2分、4分、4分。

二级指标"人力资源"一项中，涉及管理人员情况、岗位责任制两项三
级考核指标。需要提供负责人及负责文艺、体育、图书、信息等岗位管理
人员名册及学历证书、相应岗位培训证书，提供岗位职责文本及考核情
况。分值分别设定为5分、3分。

二级指标"文化服务"中，涉及免费服务、常规服务项目、辅导培训、
图书馆、信息服务五项三级考核指标。要求免费开放的基本服务项目不少
于5项、开放时间不低于每周56个小时、公示服务内容、非基本服务项目
收费按成本价格收取；要求提供每年不少于12场的展览展示、不少于100
部的数字电影放映、不少于100场的社区文艺演出；要求为社区群众性文
艺团队提供服务，提供团队情况一览表，提供组织辅导活动情况记录；图
书馆及信息服务可根据已有的统一数据进行评估。由于考核内容较多，根
据每一指标的考核细项，分值分别设定为7分、7分、4分、4分、3分。

二级指标"品牌项目"中，以中心开展的品牌活动项目作为三级考核标
准，指的是开设有一定年限（两年以上）、具有本土文化特色、并形成了一
定影响力的文化项目，要求有3个以上，提供活动相关档案资料，如音频、
视频及文字、图片等。分值设定为7分。

二级指标"满意度"中，以服务项目或内容满意率、服务态度满意率和
场地设施满意率为三级考核指标。根据针对参加社区公共文化机构活动的
居民开展的问卷调查得出，分值各设定为5分。

二级指标"社会影响"中，以社区居民知晓率、媒体报道情况、服务信
息发布情况为三级考核指标。知晓率由针对本社区其他居民（非现场活动
者）的问卷调查得出。媒体报道指市级大报或广播电视报道。信息发布指
面向社区居民的发布渠道，需提供发布频率、发布内容等。分值分别设定
为4分、2分、2分。

二级指标"财务保障"中，以制度性的财政拨款及社会力量支持作为三
级考核指标。要求政府或上级机构制定相应的财政拨款制度，以正式文件
规定，纳入年度财政预算；要求形成相对稳定的企业或个人捐助，有相应
的制度和实际收入。分值分别设定为2分、1分。

二级指标"公共关系"中，以与社区企事业单位共建共享项目数、志愿

者队伍为三级考核指标。共建共享指社区公共文化服务机构共享对方的设施、设备，为对方提供文艺辅导、演出服务等，以双方共同签署的协议为证，提供共享记录；志愿者队伍指形成不少于10人的志愿者服务队伍，提供志愿者名单、联系方式及相关服务材料。分值分别设定为2分、1分。

二级指标"自身建设"中，以机构自身制定的中长期发展规划作为三级考核指标，要求提供规划文本。分值设定为2分。

二级指标"社会评价"中，以上级主管单位考核或专业机构评估情况为三级考核指标，考核合格及合格以上者得2分。

另外，可专设附加项，出现获奖或重大事故，分别予以加分或减分。加分项可单列，也可根据需要纳入上述三级指标体系中。

第四节　社区公共文化服务绩效评估结果的使用与管理

公共文化服务机构绩效评估的最终目的是为了"以评促建"，即改进和提高公共文化服务机构的服务质量和服务水平，从而满足社区居民的基本文化需求，保障社区居民基本文化权益。绩效评估本身不是目的，而是管理的手段，绩效评估本身也不是终点，而是一个新的起点。因此，评估以后评估结果的使用和管理就显得特别重要。缺少评估后管理，绩效评估本身就在很大程度上失去了应有的价值和意义。

一、评估结果的发布

(一)确定合适的评估信息公开范围

评估后管理的主体应该是政府有关主管部门。政府有关主管部门在整个"第三方"评估过程结束后获得评估结果，然后选择以何种形式、在何种范围公布评估结果。

(二)选择合适的评估信息发布渠道

可以视评估工作的规范程度、成熟程度，选择通过内部通报、公开媒体如报纸、广播、电视、网络发布评估结果。评估工作越是规范、专业、成熟，就越有条件选择公开媒体发布，使评估结果发挥广泛的、有力的影响。

二、与评估配套的制度建设

与评估配套的制度建设，是将评估效应最大化的关键环节。只有及时合理地将考核结果运用于管理工作的各个环节，健全激励机制，才能不断改进和提高工作绩效，不断提高公共文化服务机构的服务质量和服务水平，从而实现绩效管理系统的良性循环。

(一)与评估结果挂钩的公示制度

可以选择总分排名、分项排名、等级排名等方式将评估结果公示。确定公示方式、公示范围、公示时间，使之制度化。

(二)与评估结果衔接的奖惩制度

绩效评估的一个重要目的是通过评估更好地促进公共文化服务机构的发展和改进，这就需要设立一个相应的奖惩与资源分配机制。如果缺乏与评估挂钩的奖惩机制和资源分配机制等配套措施，就会大大削弱绩效评估的实际效果。一般来说，奖励可以选择通报表扬、会议表扬、经济奖励等方式进行；处罚可以选择通报批评、责令整改等方式进行。适当的奖惩措施可以强化评估工作的导向作用和制度效能。

(三)与评估结果关联的整改制度

通过绩效评估，可以发现问题。通过对评估材料和评估结果的分析，可以有针对性地对问题形成的原因进行深入分析，以便制定有针对性的改进措施。绩效评估工作完成以后，应该及时与评估对象进行绩效评估结果的沟通反馈。应根据绩效评估结果，对社区公共文化服务中存在的管理体制问题、政策问题、管理方式问题进行分析，采取具体措施进行调整和改进。在进行评估结果反馈的过程中，应把握一个重点，即反馈不只是为了通知评估对象本次绩效评估的结果，更是为了让评估对象认识到自己在工作中还存在哪些不足，在今后的工作中应该在哪些方面改进和提高，这样才能使每一次评估都对整个社区公共文化服务的质量和水平有明显的推动和促进作用，真正达到"以评促建"的效果。

【本章小结】

本章概述了公共部门绩效评估的基本概念、社区公共文化服务绩效评估的重要意义，以及"第三方"评估的概念、特点和开展"第三方"评估的意义，阐述了社区公共文化服务绩效评估的重要性、必要性及其相关概念，介绍了社区公共文化服务绩效评估的程序以及设计、制定绩效评估指标体系的基本原则和主要内容，并对指标体系的框架进行了简要分析。本章意在帮助学员了解社区公共文化服务绩效评估的重要性、必要性以及相关概念，理解进行绩效评估的基本要求和方法，进而能够运用这些基本概念和方法进行绩效评估活动的实施。

【思考题】

1. 为什么要进行公共文化服务绩效评估？

2. 为什么要进行"第三方"评估？

3. 为什么说设计一套科学合理的评估指标体系是公共文化服务绩效评估的核心？

【推荐阅读】

1. 卓越. 公共部门绩效管理[M]. 厦门：福建人民出版社，2004.

2. 彭国甫. 地方政府公共事业管理绩效评估研究[M]. 长沙：湖南人民出版社，2004.

3. 王辉，潘允康. 城市社区研究[M]. 天津：天津人民出版社，1997.

【参考文献】

1. 高占祥. 论社区文化[M]. 北京：文化艺术出版社，1994.

2. 胡俊娟. 社会工作心理学[M]. 北京：中国轻工业出版社，2006.

3. 黄立营. 城市社区文化建设论纲[M]. 北京：中国矿业大学出版社，2005.

4. 谢晶仁. 社区文化建设新论[M]. 北京：中央文献出版社，2007.

5. 叶辛，蒯大申. 上海文化发展报告(2008)：共建共享和谐社区文化[M]. 北京：社会科学文献出版社，2008.

6. 袁德. 社区文化论[M]. 北京：中国社会出版社，2010.

7. 于燕燕. 中国社区发展报告(2007—2008)[M]. 北京：社会科学文献出版社，2008.

后　记

在国家公共文化服务体系快速推进的过程中，"社区公共文化服务"在实践层面已经取得了丰硕的成果，但是基础理论、体制机制、制度设计等方面的研究才刚刚起步。因而，本教材的编写只是实践经验基础上的一个初步概括、提炼和编撰，期待在未来的教学、研究和实际工作中不断丰富、不断完善。

本教材的编写分工如下：第一章，蔡丰明（上海社会科学院）；第二章，巫志南（上海社会科学院）；第三章，徐清泉（上海社会科学院）；第四章，蒯大申（上海社会科学院）、阮慧平（上海东方社区信息苑）。

在教材的编写过程中，文化部社会文化司的领导和国家公共文化服务体系专家委员会专家给予了很多关心、指导和帮助，"文化馆（站）系列教材"主编冯守仁先生对本书的立意、框架和主要观点给予了悉心点拨，本教材的责任编辑为教材的编写、出版付出了辛勤劳动。教材的编写还参考、借鉴、吸收了国内外公开出版的有关专著、教材、论文的某些观点和见解，在此一并表示诚挚谢意。

"社区公共文化服务"面广量大、丰富多彩，本教材在培训教学实践中一定会遇到某些与教材阐述内容不符之处，恳盼各地结合培训情况和当地实践，将使用教材的感受以及与教材内容有关的建设性建议提供给编者，也希望国内外与社区公共文化研究有关的专家学者对本教材的理论阐述、体制机制、制度措施等研究不吝赐教。

编　者

2012 年 1 月